張靜江、張石銘家族（上）

一個傳奇家族的歷史紀實

張南琛　宋路霞　著

江南古鎮南潯，地處蘇杭嘉湖這片中國最富庶的地區之中心，是中國近代史上罕見的一個傳奇小鎮。

號稱「江南第一宅」的張石銘故居（懿德堂），就是南潯傳奇的極好象徵。它占地近5000平方米，五落四進，中西式樓房鱗次櫛比，房間有244間之多，結構恢弘，風格奇特，工藝精湛，尤其是隨處可見的木雕、磚雕、石雕以及從法國進口的藍晶刻花玻璃等，都具有很高的藝術欣賞、學術研究和文物價值，讓來此參觀的中外遊客歎為觀止。

除了張石銘故居，還有張靜江故居（尊德堂），因張靜江在民國史上的特殊地位而更富名望。

張石銘與張靜江是堂兄弟。一個半世紀以前，他們的祖父張頌賢抓住了「上海開埠」這一天賜良機，從家門口的絲行埭，搖著裝滿輯里絲的船隻進入大運河，再沿著太湖和蘇州河闖進大上海。除了經營輯里絲，他們還經營鹽業，在遍及半個江南的地方設立了張恒源鹽公堂。由於經營得法，他們在數十年間奇跡般地獲得了上千萬財富，在大上海擁有了很多著名的房地產，如大世界、杏花樓、一品香、靜安別墅、大上海電影院……

與此同時，他們也完成了身份的轉變，不再是純粹的南潯小鎮上的地主老財，而成為融入大上海多彩生活的上海人——家族中出現了張靜江、張弁群、張乃驊、張秉三等早期民主革命志士，出現了現代銀行和工商業的投資者、股票市場上的弄潮兒、房地產大戶，還誕生了三代著名收藏家——他們是藏書家張石銘、張芹伯、古錢大王張叔馴、書畫收藏和鑒定專家張蔥玉。南潯張家，就成了名重一時的海上望族。

這大概不僅僅是南潯張家一個家族的「生長路線」，而帶有很大的普遍意義。老太爺張頌賢是晚清時代參與開發大上海的冒險家和投資者，並把他的冒險細胞遺傳給了他的後代，把他們帶進了現代意義的上海生活。

與很多傳統大宅門不同的是，張家人沒有在上海永久地盤桓，他們繼續前行，走向了世界。他們或讀書，或考察，或經商，或避難，先後有大批人出國，大大加速了這個家族的「國際化」進程。

與其他大宅門更不相同的，是這個家族的革命傳統。自從1905年張靜江在一條國際郵輪上與孫中山先生相識之後，就開始了他「民國奇人」的傳奇生涯，他一生捐獻給國民革命的錢財至今無法精確地統計。他的哥哥張弁群也是同盟會成員，侄子張乃驊和張秉三也都是早期的革命者。在他們之前，張乃驊的父親張石銘是更早的革命者，他在北京參加了甲午戰敗後著名的「公車上書」，是康有為的追隨者，與之保持了多年的友誼。革命是要付出代價的，一個正直的公子哥兒參加革命，就要付出更大的代價。張靜江與孫中山、陳其美、蔣介石、陳潔如等人的交往，無疑是民國史上最精彩的篇章之一，也給張氏大宅門留下了深深的烙印。

　　遺憾的是，海外有些關於中國近現代史的英文著作，把張靜江寫成一個反面人物，甚至有意無意地把他歸入上海十里洋場的流氓之列，這實在是個太大的誤會。我想這本書中所引用的很多原始資料，對此是很好的澄清。

　　從中國大陸「輻射」到世界各地的舊時海上望族，南潯張家不是唯一的；但是卻是一個非常奇特、非常奇妙，也有一點點奇怪的家族。

　　他們的奇特表現在許多方面，但是給人印象最深的還是他們的「反潮流」精神。像他們這樣一個受到晚清地方政府高度關照的家族（張頌賢受浙江巡撫左宗棠之命執掌浙江鹽務），一個在中國絕對名列超級富豪的家族，卻出現了張靜江這樣一位丹心俠骨的革命者，以及張乃驊、張弁群、張秉三等參予推翻大清王朝的民族義士；張蕊英、張芸英、張荔英等張家小姐，原本都是父母膝下的乖寶寶，一旦具備了獨立思考的意識，就起來「反叛」她們的老爸，在國民黨北伐勝利之後出現寧漢分裂的嚴重局面時，她們堅決站在了宋慶齡、陳友仁一邊，張荔英後來還嫁給了陳友仁；在蔣介石為了「蔣宋聯姻」而趕走陳潔如的問題上，張家人幾乎全都支持了陳潔如，幾位小姐與之保持了多年的聯繫；張靜江在北伐之前和北伐過程中，與蔣介石是割頭朋友，但在國民黨建都南京之後，為了國民建設的問題與老蔣唱起了反調，以至於最後分道揚鑣……張家人在這些非常敏感的政治問題上所表現出來的膽識和勇氣，絕非一般趨炎附勢者所能為。

　　這些都說明了他們非凡的心性和奇特的人生色彩。至於他們這些特性和色彩的形成原因，以及這個家族的歷史影響，需要歷史學家、

社會學家、經濟學家、心理學家及遺傳學專家作進一步的探討和研究。本書向讀者展示的，僅僅是這個家族興起、發展和走過的歷程，以及許多首次披露的歷史細節。這些內容是張氏家族的歷史寫真，某種程度上也是上海灘上流生活的一個縮影。

張南琛、宋路霞的這部《張靜江、張石銘家族》，是近年來少見的一部原創圖書。作者之一的張南琛先生是張靜江先生的侄孫（張石銘之孫），抗戰之初隨張靜江一家遠赴美國，如今85歲，對這段歷史如數家珍。另一作者宋路霞是對家族史、上海史深有研究的作家，近10年來已有多種家族史著作問世，為寫此書還遠赴美國三藩市，採訪了很多張家老人，在國內也走訪了很多地方。所以此書第一手資料的比重很大，真實可信，又附之大量珍貴圖片，圖文並茂，實為不可多得。

是為序。

鄧偉志　2006年9月24日

（鄧偉志，上海大學社會學系教授，博士生導師，家族史研究中心主任。）

序言二

一

　　儘管我14歲就離開了上海，後來一直都旅居海外，但我一直認為自己是一個中國人。這也許是由於家庭教育以及自幼就受到中國傳統文化薰陶的緣故。我在美國念了3年高中、5年大學，而後工作、成家，直到1993年退休。幾乎一直都生活和工作在非亞裔的環境中間，可是這種強勢的文化環境卻抵不過我對中國文化的渴望。也許有人會說，我從來就沒有真正地融入過美國的主流文化，事實上——也許我潛意識裏就沒有想過要融進去。

　　對故園的親情，促使我和我的太太在中美恢復建交後不久即回國旅行。第一次是在1976年。從這以後的30年間，我們每兩、三年就回國一次，造訪不同的地方。隨著參觀次數的增多，觀感的累積，我越來越清晰地認識到：從任何意義上講，中華民族都是一個偉大的民族。不管持何政見，中國都註定會成為世界的領袖。我一直都是一個「中國狂」，然而就我的所見所聞，中國以及中華民族的前途，會比我最大膽的設想還要遠大。

　　我們南潯張家原本是一個江南富貴之家，又是一個對孫中山先生領導的辛亥革命有過重要貢獻的功臣之

家，還是一個對中國傳統文化有著三代積累的書香門第，但在兵荒馬亂的1937～1948年間傾家蕩產……。這中間的很多細節，現在已經少有人知，事實上，這是中國一部大歷史的濃縮。隨著中國世界前沿地位的獲得，全世界越來越多的人對她的政治沿革和社會變遷發生了興趣，這是一件好事。我想我們家族的傳奇，將能幫助人們更好地理解中國十九世紀下半期和二十世紀上半期的上流社會——這是一幅何等絢麗多彩的社會動盪生活的圖卷！由於文化大革命強行割裂了中國社會文化的發展，所以到如今，即便是中國的普通百姓，也非常渴望更多地瞭解那個時代的「舊中國」。

二十世紀80年代中期我一直公務繁忙。為家族寫書的念頭的確時不時地從腦海中冒出來，但是每次都只是一閃而過。是我的三個孩子促使我將這個想法變為了現實。我的一個女兒和兩個兒子讀過的中學和大學都沒有什麼華裔子女，更沒有從中國大陸去的學生（與如今的情形大為不同）。除了鍾愛中國食物以外（我的太太是做中國菜的高手），他們都是地地道道的美國孩子。吃飯時或是在其他場合，但凡說到中國，他們就會說，「爸爸，您總是對中國這麼一往情深，可是我們對自己的家族簡直一無所知！」好幾次類似的交談以後，我決定就直系親屬的基本情況寫上幾頁紙。

這項並不複雜的原始計畫卻由於我的工作拖延多時（由於老闆的挽留，我的退休計畫從1988年拖到1993年）。加上母親身體欠佳，需要更多的照顧。直到1993年5月退休以後，我才開始認真思索「家族故事」這本書的寫作框架和性質。我很快就發現：材料是如此之豐富，實在不敢武斷取捨。更重要的是，我忠誠於我的家族，更加為自己是一個

偉大家族的後代而驕傲。

　　一旦開啟這項寫作工程，不把家族歷史完整地呈現出來似乎説不過去。我的孩子們最初的興趣主要集中在他們的祖父身上。在中國文化史上，我父親張叔馴是數一數二的古錢幣收藏家，在二十世紀30年代被譽為「古錢大王」。但是瞭解他的人都知道，他同時又是一位普通人根本無法匹敵的能人。他對不斷發展的西方文化潮流有著非凡的鑒賞力。這些都使得他個人及我們家庭的生活風格都要超前於那個時代20～50年。不管他的這些才能如何引人注目，先父對於中國的貢獻主要還是局限在中國文化的一個特定領域，如古錢學上。當然，令我的孩子們著迷的內容還有很多，因為張氏家族的各種活動不僅和中國商業、文化和社會的發展歷程緊密相連，也和中國的民主革命息息相關。

　　如果僅以我個人掌握的資料，即使只是寫一本最簡單的家族史，我也已經感到力不從心。我本來可以從母親那裏得到最主要的資料，但當時她已經不復能言。因此，要寫出一部全面的家族傳記，就必須尋找專業作家的幫助。直到1995年，我才開始正式接觸海內外健在的堂表兄妹，詢問他們對於這一預案的建議和看法。誰曾想，這次謹慎的起步之後，又被耽擱了8年。因為1995年到2002年間，我的生活一直不得安寧。母親於1998年去世，此前，她越來越多地需要我和太太的照顧。我自己又有許多嚴重的疾病，擾亂了我全部的閒暇和精力。在那段日子裏，我好幾次認真地思索，這些是不是先人給我的某種神秘暗示，阻止我去撰寫這樣一部家族史？是否其中有他們不願揭開的家族隱秘？好在我最終擺脱了這些愚蠢的想法，堅持了下來。

當我把這些成書的波折寫進這篇序言時，我相信張家的先人們一定會在天國裏對著我滿意地微笑。因為這本書記錄了一個強大、富有、富於獻身、影響深遠的家族，是那個社會的一個非常奇妙的典型。

已有的資料還顯示，我們的長輩幾乎無一例外的樂善好施、慷慨大方；最重要的是，他們都品性誠實而富有道德感。也許有時會嬌寵一些，但決不妄自尊大。相反，他們對於公平處事原則的過分看中，常常讓那些不擇手段的小人鑽了空子。經過我的調查研究，我發現張家好幾代人都和睦地生活在一起，從不為經濟或其他問題而爭執，男性長輩中幾乎沒有人納過妾，這在他們那個社會以他們的身份，的確是少見的。他們以個人生活上的高度自律而自豪，我們子孫後代也覺得無上榮光。

正如前文所述，是我的孩子們播下了這本書的種子，他們一開始只是想瞭解自己家族的來龍去脈。我現在把這個計畫擴展到前五代甚至更多，包括家族主要的兩房支脈——南號和東號。

我與宋路霞女士的想法不謀而合。宋女士撰寫了好幾部19至20世紀中國豪門望族的著作，在這一領域已經頗有名望。她經驗豐富、思想開明，對我的許多設想都很寬容。在我們第一次互通傳真之後，我就意識到「書遇貴人」了。我們說好作為合作者，我負責採訪經費和關鍵內容，她來把握全書的框架和風格。宋女士不愧是集腋成裘的高手。我們還就以下原則達成了共識，那就是：書中內容要得到大家族裏大多數成員的認可；更難的一點是：要確保這本書不能出於虛榮心而自吹自擂。這一點，我極其在意。我們家境殷實，不乏奢華故事，

怎樣去寫才能保證這本書的真實可信？宋女士也極為在意，所以在好幾個章節，她都特意保持了低調。我們儘量力爭真實，但在必要的情況下傾向於保守的寫法。

另外，這本書記錄了十九世紀末、二十世紀初中國江南上流社會的生活圖景，旗幟鮮明地表達了對中國文化和傳統的誠摯之愛，相信當代每位認真的讀者，都會沉醉於這本不過於嚴肅的精彩之作。竊以為，宋路霞女士的文學天賦完美地實現了我全部的祈望。

我非常羨慕那些能夠把長長的家譜保存至今的家族。「文革」前我們家有一本涵蓋700人、超過十代的家譜，但現在卻不知所終。這真遺憾，否則的話，就可以驗證二叔公張靜江跟我和他的兒子乃昌都講過的一件事情。據二叔公講，1700年前後，在我們家從福州遷入江南之前，曾有一位猶太女性嫁入張家。難怪直到現在，家裏有些成員都相貌俊秀、高鼻大眼！我的父親就是一個典型的例子，看看書中他的照片便知。

為了寫這本書，有些親戚給出了他們直系親屬的譜系表；有些親戚對家族檔案不懈挖掘，給出了家族譜系的片段。大家通力合作，最終掌握了自張頌賢開始的七代人的譜系。經過反覆的核實、校對以及親戚之間的討論，這個版本達到了95～97%的準確率。關鍵資料仍有缺失，所以我將在此書出版之後，繼續研究家族檔案，將資料補齊。當然，金無足赤，然而我相信：目前，我們的家族的資料比起同等顯赫的家族而言，要更完整、更精確一些。

我和宋女士商定，這本書即要忠於史實、又要生動可讀。所以，與文字相配的圖片就至關重要了。實際上，只要不是多餘就該是越多

越好。我花了大量的時間和精力收集相關圖片，同時動員親戚們分頭去做。雖然結果不盡如人意，但辛勞可嘉。每一張老照片都歷經歲月滄桑，非常珍貴。另外，還有很多照片在文革中經歷了和家中其他文件同樣的厄運。有些先人根本就沒有留下照片，令人無限扼腕。另一個意想不到的結果是，每一房照片的數量不均衡。這一缺陷使得我對於讀者和相關親友深負歉疚。

目前，這本書彙入了港臺、尤其是大陸出版的眾多有關豪門望族作品的大潮。如前所述，我是在20年前就產生寫書的念頭的。然而，現在出版這本書，卻有趨時髦之嫌，而事情的初衷並不是這樣。

二十世紀上半葉是中國非常動亂的年代。歷史將會證明孫中山、毛澤東、蔣介石在決定中國歷史進程中各自所發生的重大影響。而我們家族與其中的兩位關係緊密──張靜江長期無私地支援了孫中山先生領導的革命；我父親的兄長、四伯父張乃驊（仲平）與陳其美、蔣介石當年都是同志，並且將後者介紹給了我的叔祖張靜江。極為遺憾的是，張乃驊在一次乘船中不幸落水，英年早逝。否則，他對於中國民主革命將會作出更大的貢獻。

張氏家族對於孫中山和蔣介石無可置疑的經濟支持在別處都有詳細的記錄。我只是想指出：有證據表明這中間還有不少事情未被提及。蔣介石在上海早年生活期間，能躲過多次暗殺，都仰仗著張靜江的庇護。但是如果沒有蔣介石，中國歷史也許會大為改觀，儘管歷史是不允許假設的。這些事以及張氏家族對於民主革命舉足輕重的捐助，都是歷史應該記下的一筆。希望這本書能引起人們對此的關注。

二

　　在搜集資料的最初階段，多虧了我的老朋友Shirley Young（楊雪蘭女士）的幫助。那時她正在為其繼父Wellington Koo（顧維鈞）博士立傳。她熱情地把我介紹給了復旦大學的金光耀教授。後來，我還面見了金教授的同仁馮筱才教授。儘管很遺憾我們最終沒有聯手，但是我非常感謝他們就寫作計畫的具體實施提出的想法和建議。

　　一連幾個月我都在尋找一位合作者，還諮詢過小女Pyillis張樂倫（張貽倫）。她是一位更徹底的愛國者，她出生在美國，在美國一所著名的大學取得了博士學位，還曾就讀於北京中國人民大學，又長期在北京工作。她對中國的學術圈子很瞭解，但出於各種各樣的原因，她的引薦也沒有實現。

　　結果，一次偶然的機會，我通過我的堂姐張穎初（我大伯父的大女兒）結識了馬傳德先生。正是馬先生及時地推薦了宋路霞女士來與我合作，才有了今天這樣的成果。和這樣一位有文化的上海人交朋友，實乃我們（我和太太）莫大的榮幸。在我和宋女士合作著書的過程中，馬先生提供了熱情而無私的幫助。在我們有限的幾次面晤中，我和太太都沉醉於馬先生對中國古玩、尤其是中國古錢幣方面的淵博學識之中。謹向這位好友致以我衷心的感謝！

　　在近兩年來的張家資料調研中，我的親戚們提供了不少張氏家族的軼事和家庭生活隨筆，使我們於圖書館和檔案館之外，獲得了更多的原始資料。我們對目前能夠聯繫上的大多數親戚進行了採訪。我採訪過幾次，很多都是由宋女士去做的，有的人家她去過多次。因此，這本書的確是張氏後人通力合作的結晶。

在寫作過程中，為了確保內容的真實性，每寫一章，我都請相關的親戚來研讀該章的內容，斟酌其是否忠實於史實、有無不恰當的言辭。書中大量細節都是首次披露，原先並不為所有親人所知。他們提出了中肯的意見和建議，這對於這本書都很重要，謹對他們有價值的貢獻表以謝忱。

各篇的審讀者如下：

蘇州河邊一處神秘的百年老宅：張穎初（張芹伯的大女兒）

從湖州南潯闖進上海灘的「大象」、懿德堂的兩位傳奇女人：周瀾（張貽燮夫人）、席與時（張南琛夫人）

尊德堂的海派氣息：張乃鳳（張墨耕的大兒子）、周孟慈（張靜江的外孫女）

張石銘適園藏書譽滿天下：席與時

孫中山先生的摯友張靜江、張靜江與蔣介石的恩恩怨怨、張靜江十萬元大搞基本建設：周孟慈

戰火中多災多難的張家企業：張華（張淡如的孫女）、陳嘉令（張讓之的外孫女）

銀行界和藏書界的雙棲明星張芹伯：張穎初、張澤瑚、張澤瑾（張芹伯的兒女）

中國古錢幣大王張叔馴：徐景淑（張智哉之女）

錢幣大王的現代理念和海派生活：席與時、張澤璉（張叔馴次子）

教育家、外交家、書畫家張乃燕：張文嘉（張乃燕的孫子）

張靜江的十朵金花：張乃琛（張靜江之女）、陳平（張芸英的大兒子）、瞿明明（張蕊英的大女兒）

百歲教授張乃鳳：張乃鳳

從公子哥兒到書畫鑒定大師：周孟慈、徐景淑

千絲萬縷的豪門聯姻：顧湄（張蕙玉夫人）、張貽文（張蕙玉之
女）

張靜江、張叔馴在海外的滄桑歲月：張乃琛

大風大浪中的張家軼事：張乃申（又名俞嶺梅，張鏡芙之女）、張
澤璿（張景裴之女）、張貽文

大洋對岸的「最後的貴族」：席與時

由於語言和地域的障礙，我們的寫作過程非同一般，說來還有些
笨拙可笑。宋女士只是略識英文，而我的中文由於少小離家，也都生
疏了，交流起來甚覺不便。直到這次寫書我才開始學習中文簡體字。
儘管現在我可以讀懂宋女士大部分的文字，但我寫給她的資料都還是
英文的，她要使用它們就必須經過翻譯。這種少小離家、漢語生疏的
情況，對於住在美國的大多數張家人以及親戚來說，都是一樣，多數
人能夠說一些中文，但是不會寫，閱讀也很困難。所以我們的書寫好
之後，要被再次翻譯成英文，才不至於影響每一位家族成員閱讀。李
明潔小姐和宋佩銘教授負責這些翻譯工作（李明潔小姐翻譯了數萬字的
英文資料，供宋路霞女士寫作時參考和引用；宋佩銘教授則負責把這部書稿
全部翻譯成英文）。我很感謝他們迅捷、高效的專業協助。

為了這本書，我和夫人在最近的兩年間兩次訪問南潯。家鄉人
一旦得知我們的身份，都對我們極為友好和親切，令我們永遠難以忘
懷。對於所有善良的南潯鄉親，我們由衷地感謝。

我們特別要感謝的是，原南潯鎮尊貴的朱倍得書記和他的夫人楊映花女士，感謝他們提供的有關我祖父的寶貴資料，以及在南潯期間對我們無微不至的照顧；感謝南潯文物管理所的童立德先生，他那麼積極而熱誠地花費大量時間帶領我們遊覽，並且介紹南潯及其周邊的村鎮；感謝我祖父的故居（現為全國重點文物保護單位）的管理員，在每一次參觀時，他們都精心地為我們講解有關這座大宅院修復的最新情況。

除了上述所及，國內的所有聯絡和採訪工作都多虧了宋女士。她在上海、北京、南京、南潯、蘇州、杭州、湖州、新加坡、三藩市和其他地方，訪問了很多張家人，張家人都盡可能地給了她幫助。她會在後記中鳴謝，我也願在這裏與她一同致謝。

非常重要的是，我還要由衷地感謝我的大姑姑張湘英女士（即吳世植夫人）。大姑姑是我們張家南號目前健在的最長者，備受尊敬。在溫哥華，當我向她討教這本書最初的寫作意願時，她就極其熱心。後來，她幫助我廣泛瞭解了我們這一支的譜系情況，告訴了我很多有關她的直系親屬（也就是我的二祖母）的大量資訊。甚至，她還堅持要給予我適度的資助。

我對我的家人感恩不盡：我的夫人席與時、以及張貽倫、顧智銘；張貽仁和Susan；張貽智和Michele。是他們促使我產生了寫書的念頭並一直給與我精神上的鼓勵。他們閱讀了本書初稿的部分章節，就內容和形式提出了意見。他們的建議我並沒有全部接受，所以，書中的錯誤和疏漏都歸咎於我個人。

張南琛　2006年8月於美國三藩市

目錄

蘇州河邊一座神秘的百年老宅

紅衛兵突然發現了一間密室

1966年，紅衛兵高舉紅旗上街掃「四舊」的時候，有一天，一支大隊人馬衝進了蘇州河邊的一個大宅院。

這是一座上海灘很少見了的大宅院，它既不同於北方的四合院，也不是上海的石庫門，而是遞進式的、庭院交錯的二層「樓院」。只見牆頭有兩丈高，大門能開進六輪卡車，門廳由四根紅漆巨柱支撐著，柱子底部是四個石鼓般的大石墩。來人走進門廳，還不能直接看到院子裏的光景，迎面撞見的首先是一個照壁，繞過照壁，才能看到頭進院子的天井中，一個用石欄圍起來的巨大假山盆景，假山後面才是正廳。

看得出，那假山盆景過去蓄過水，養過魚，只是常年無人打理了，上面長了不少草……這種地方一看便知，肯定是過去地主老財的豪宅舊院，註定是被「革命」的對象。

院內幾乎無處不在的木雕和磚雕令紅衛兵們感到新奇和仇恨——屋裏屋外，簷頭窗下，樓梯拐角，過弄走道……幾乎無處不雕花，無處不是景，有的地方還刻著連續的古代戲文故事。與一般傳統大宅院不同的是，幾乎所有的房間，都鑲嵌著從海外進口的彩色玻璃，陽光透進來，房間裏有一種教堂裏的神秘感；底樓的房間還鋪著幾何圖形的地磚，走在上面，好象步入了什麼公共場所；窗邊樓頭的簷漏、水管和建築小五金，也都是不常見的銅質材料……

這樣一座充滿封建意識和歐美氣息的大宅院，無疑很符合「四舊」的標準，於是紅衛兵掄起榔頭和錘子，橫掃一切牛鬼蛇神，一陣瘋狂打砸，不要幾個時辰，就把這個地方徹底「革命」了一通。儘管這個院落解放後早已成了普通居民的大雜院，已經住進了75戶人家，比上海人通常形容居住擁擠的「七十二家房客」還多三家，長長的走道裏，要麼是一長排煤氣竈，要麼就是一長排自來水斗……

當革命小將們幹得差不多了的時候，突然有了新發現——不知是誰在大院第二進的一個樓梯下面，無意中捅開了一間地室，只見裏面黑咕隆咚，似乎深不見底。紅衛兵們很高興，以為發現了傳說中地主老財儲藏不義之財的金庫，裏面一定堆了成箱成箱的金元寶。

找來手電筒一照，才發現裏面密密麻麻、層層疊疊地堆滿了文物，有青銅器、瓷器、玉器、古錢幣、字畫和文房四寶，還有一些講不清名目的什物、雜件等等。這大概是比金銀更加值錢的東西，但也理應列入被掃蕩的「四舊」。

紅衛兵問了周圍幾家居民，居民們也感到很奇怪，因為他們在這兒住了這麼多年，從來不知道這裏有一個密室，不知道腳底下竟藏著

南潯張家懿德堂的西洋門樓

這麼多寶貝，更不知這是誰家的東西。包括在此大宅院中住了半個世紀的、當年房主孫女的奶媽丁媽，也全然不知這密室的事情。

既然是無主之物，沒人負責，那麼這部分「四舊」的性質就突然間起了變化，一下子變成了大家眼中的寶貝，變成不需要橫掃的東西了。這下小將們原形畢露，紛紛跳入地室，你爭我搶，先下手為強，眼前的文物很快被洗劫一空……

從此人們知道這個地方不同凡響，説不定什麼地方還藏著什麼寶貝，説不定什麼時候還會出現奇跡，有心人就常來敲敲打打。

數年後，居然真的有人在院裏又有了新發現，挖出了一批古錢幣，説是如何如何值錢，而且神秘兮兮，東藏西躲，甚至與境外人士聯手，準備弄到國外去發財，結果扯出了一場罕見的文物走私案，關鍵人物自然銀鐺入獄，判刑的判刑，勞教的勞教，圈內人對此事至今噤若寒蟬……

誕生了三代著名收藏家的大宅院

這個大宅院之所以有那麼多文物「出土」，原因也簡單，因為這兒原本就是一個文物收藏的重鎮，在20世紀上半期，曾誕生過三代全國第一流的收藏家，是個收藏家的老宅院。

第一代收藏家是這座大宅院的創建人，湖州南潯人張石銘（名鈞衡，以字行1871－1928），他以雄厚的資財和珍貴的藏書聞名於世[註1]。他是晚清甲午年間的舉人，「公車上書」運動的參加者，南潯「四象」[註2]之一張頌賢的長房長孫，他又是其父張寶慶的獨生子，因此獨

自繼承了張家南號的全部遺產。

他的珍貴藏書，僅目錄（《適園藏書志》繆荃孫編）就達16卷，其中著錄宋版書45部；元刊本57部；還有數百部名人抄稿本，其中有大量清代乾嘉時期大藏書家、著名版本目錄學家黃丕烈親筆校勘、題跋的書籍。這些珍籍若放到現在，任何一部都足以在拍賣市場上呼風喚雨。他不僅喜收藏，還把一些外界不易獲見的精善秘笈刊印了出來，變孤本為千百，嘉惠士林。

第二代收藏家是張石銘的大兒子張芹伯（名乃熊）和他的七子張叔馴（名乃驥）。張芹伯也是著名的藏書家，他在繼承其父部分藏書的基礎上繼續努力，使他的「芹圃藏書」中的珍本秘笈迅速上升，達到了1200部，其中宋刊本達88部，元刊本74部，比其父的宋元珍本的數量翻了一番，這在他的《芹圃善本書目》（臺灣廣文書局1969年印行）中都著錄得很清楚的。

張石銘的七子張叔馴是赫赫有名的中國古錢大王，收藏了中國最珍貴的古

著名藏書家、實業家、懿德堂主人張石銘。

張家第二代收藏家、張石銘的大兒子張芹伯（乃熊）。

錢幣和古玉，在錢幣收藏界無人不知。他不僅精收藏、善鑒定，還是古錢學研究活動的積極組織者，創辦了中國第一個古泉學社，發行了第一本中國古泉雜誌，擔任了古泉學社和中國古泉學會的會長[註3]，抗戰前還與來滬的日本著名泉學家進行學術交流活動，是中日泉幣學交流活動的積極推動者。他還是他們那個時代惟一的一個，以古錢收藏為終身職業的收藏家。

第三代收藏家是張蔥玉，即張石銘的四兒張乃驊的兒子張珩。他繼承了祖父的藝術細胞和家藏的書畫，10幾歲時，在大宅門裏就開始研究和收藏字畫了，20來歲已經作出了驚人成績，被北京故宮博物院聘請為學術鑒定顧問，逐漸成為舉世公認的、中國第一流的書畫鑒定大師。

從張石銘到張蔥玉，從晚清到全國解放，從藏書到收藏古錢、古玉、青銅器、古代書畫……如此長時間的收藏傳承，如此大規模的收藏範圍，如此高的鑒賞品位，在天下大亂的近現代中國，實不多見，也是百年上海灘一道很特殊的家族文化背景。

中西合璧的海派生活

◎往事仍在眼前◎

張南琛：真是作孽！這座神秘的大宅院原先就是我們家的老房子！

這是我的祖父張石銘在辛亥革命之前投資建造的，我就出生在這個地方。

我們的老家在浙江湖州南潯，祖上歷代經營絲業和鹽業，之所以把在上海的大宅院安排在蘇州河附近，我想是與從事蠶絲生意有關，因為從南潯開來的滿載生絲的船隻，總是在蘇州河邊靠岸的，岸邊以前有我們張家的專用碼頭。

我清楚地記得，我們的大宅院是一組，到處都雕滿了紅色漂亮花紋的大房子，中西合璧，精緻高雅，非常寬敞。其中既有傳統的巨柱、門廳、轎廳、花廳和備弄，也有西式的彈子房、會客室、納涼室和汽車間。格局上縱三進，橫三進，周圍還延伸出大大小小的許多耳院和支弄。這些耳院也都各自有著天井，所以這是一組有著六個天井的、橫跨兩條弄堂的組合式大宅院。加上大門對面的車庫、棧房、院子隔壁的帳房間和男傭人住的房間，足足占了幾十畝地，在蘇州河以南、石路（福建中路）路西一側，形成了偌大的一片獨立的街區。一個家族能獨立地在鬧市中心擁有這樣一大

張家第二代收藏家、古錢大王張叔馴（乃驥）。

片街區，在上海灘是很少見的。

門口的那條馬路很早以前叫峻德里，大概是我祖父最早的創意，後來叫無錫路，主院落的門牌是92號。現在叫南無錫路，門牌改成了162號。20世紀上半期，人們常稱這裏為石路張家，或者南潯張家，因為無錫路盡頭的那條馬路是用石頭塊鋪成的，於是得名石路，就是現在的福建中路。

我記事的時候，南潯張家已是上海灘有名的富戶，房地產生意、食鹽生意、絲綢生意和典當生意都做得很大，擁有很多著名的地產和建築，諸如：大世界、杏花樓、一品香、天蟾舞臺、靜安別墅、金玉里、裕德里、福生里、玉蘭坊、中西大藥房、大上海電影院、百樂門舞廳、懿德公寓……這些地方的地皮都曾是張家的產業，而且上面的建築，張家大多也都佔有很大的股份。

從我祖父到我這一輩人，甚至上到我祖母的母親，還有張家很多遠房的親戚朋友，前後共有四代人在這個大院裏住過，歷時半個多世紀。這裏總共住過多少人，現已無法統計了，但有一個數字千真萬確，就是在張家最興旺的時候，這座大宅院裏曾忙碌著90多個職員和傭人。因為那時大家族之間的禮節往來非常繁瑣，重要人物回訪時，總要向張家送「門包」（是專門送給傭人們的小費，一般一人一份），而張家居然有90個傭人（我想其中應當包括了賬房先生），那就意味著要送90個「門包」，這就不能不令人家印象深刻。註4

儘管是處高牆深院，中式房舍，但裏面的生活卻絕不是封閉的，而是中西合璧的，有些地方還非常海派、非常新潮，這可能與地處英租界有關係，更與那個西風東漸、門戶開放的時代有關，因

為張家在生意上很早就與洋行打交道了。

那時從這個大宅院裏進進出出的人，著裝上有西裝革履，羊毛衫裙，吊帶短褲，網球絨衫，但是身穿長袍馬褂，手持煙斗，鬍子老長，眼神嚴峻的長者也不在少數。他們大都是我父輩和祖父輩的朋友。他們滿腹經書和生意經，出口之乎者也，對舊式的禮節非常熟練，但是海派的、講究的西式生活他們也絕不會拉下。談起英租界的西餐館與法租界的西餐館的區別，他們能像談論古籍版本一樣，一套又一套，對於西洋墨鏡和無聲電影也並不陌生。那時家裏有很好的中式和西式的廚子，分別負責前後院好幾房的日常餐飲，但是大人們還是經常出入禮查飯店、大華飯店、麥邊花園、馬賽西餐館……

我祖父張石銘是這個大宅院的最高領袖，每天早飯後，他就拿著一本書來到樓下，在花廳裏的一張考究的紅木椅子上坐定，一邊翻動著書頁，一邊用餘光和耳朵關注著整個大院裏的所有動靜。有時管家前來跟他彙報和商量事情，有時朋友來訪，他就必須暫時離開那把椅子。但是孩子們總是為他那長時間的「看書」而感到著急，因為只有在他暫時離開那椅子的時候，才有可能溜出大門去玩……

小時候印象最深的是過年，因為有內容豐富的、全家族人員參加的年夜飯。那是把圓桌擺滿了樓上樓下所有廳堂的大型家宴，足有一二十桌，由著名飯店杏花樓酒家來包攬燒製和招待，所有餐具都是他們帶來的銀餐具。院子裏張燈結綵，炮竹聲震天。這是小孩子一年當中最愉快的時候，可以得到很多禮物和壓歲錢。小孩子在

張家第三代收藏家、古代書畫鑒定
大師張蔥玉（張珩）。

這一天，還可以任意挑選自己在餐桌
前的座位，這是我祖父特意關照的。

當然，大宅門裏也有嚴格的課讀
生活，也是中西合璧的，既有古文、
古詩詞、練毛筆字，也有英語和數理
化課程，但是方法是傳統的，實行男
女分讀。男孩子一間書房，女孩子一
間書房，男女課程也不一樣。我小時
候和父母及弟弟住在第二進院子的中
部，我們讀書的書房是在樓下的一間
大房間裏。

我的書房大約40英尺長、30英尺
寬，在主庭院的左邊。實際上，這原
是我的堂兄張蔥玉（我四伯父張乃驊的
獨生子）的書房，到了我也該讀書的
時候，他只是讓出點空地兒給我用罷
了。他大我九歲，天資甚高，很小的
時候就開始讀古詩和古文，十幾歲就
已經能與成人一起討論古代文化，18
歲時已經常被人家請去鑒定古字畫
了。他大概天生與古畫有緣，很小
就愛看畫。他人小看不見掛在高處的
畫，就常騎在傭人的肩膀上，他說看

東邊的就向東，要看西邊的就向西。

這個書房絕對與眾不同，四周的牆上掛滿了張蔥玉的古代字畫，簡直像個古代書畫展覽會，而且這樣的展覽還經常更換，他好像有無數的古字畫收藏。我的讀書生活就是在這樣一個傳統藝術氛圍裏開始的，整天要面對一派尉為壯觀、價值連城的國畫展。

書房的另一側有一個奇怪的角落，那是一個鴉片榻，張蔥玉有時候會招待一些比他年長得多的收藏家，來此享受吞雲吐霧的快樂。所以我們的書卷氣中，也就多了點煙味兒。

這個煙榻有一次還幫了我大忙。有一天我在背頌古文，老師背對窗戶，而我面對窗前的老師，我站立的位置可以看到窗外，能觀察到院落裏的所有動靜。那天我看見我的牙醫正朝著我們走來。我已經得知他會來，心裏很不高興，因為他總是把我的牙齒弄得很痛。當他逼近書房時，我突然靈機一動，一頭鑽進了那個鴉片榻下。我人小而煙榻很低，我不肯自己爬出來，家裏就沒有任何大人能夠得著我，我的師爺完全不知所措，牙醫也鞭長莫及。我因此而躲過了「一劫」。

比這個大宅院更為洋派的，是後來「派生」出來的、建在上海西區的花園洋房。那些花園洋房的車庫裏停放的車輛，並不是一般富有家庭通常所配置的別克（BUICK）、克萊斯勒（CHRYSLER），或者是派克德（PACKARD）和凱蒂拉克（CADILLAC），而是更具歐洲情調的義大利產的高級轎車。它們是以高雅華貴著稱藍旗亞（LANCIA）和路特（LUTER），以及經濟實用的菲亞特（FIAT），還有一輛紅色的雙座賽車，也是菲亞特牌。

我家的藍旗亞是上海灘，也可能是中國進口的第一輛藍旗亞，我父親張叔馴（乃驥）就是這輛車的車手。張家人似乎都以這輛藍旗亞為榮，每次車進車出，都會受到諸多自豪的矚目。儘管那時上海沒有汽車賽事，但是我父親卻樂於開著賽車上街，那輛紅色的菲亞特飛馳在上海逼窄的馬路上，不知「鎖定」了多少羨慕的眼光，一時真的是風光占盡。而且它的喇叭也不是單響的，一按就會放出好聽的音樂……

　　張家人那時不僅男人會開車，女人會開車的也有的是。我的一個堂房姑媽，就是民國元老張靜江的五小姐張菁英，還能駕著飛機升上天……即便在當時以新潮洶湧著稱的上海灘，這也是不多見的。

　　除了車，還有船，這座大宅院的「觸角」還伸向了蘇州河。

　　從南無錫路向北，只隔一條馬路就是蘇州河了，那裏過去有張家的碼頭，河邊常年停靠著我家的「藥水船」（因使用汽油而得俗名）。「藥水船」有大有小，有外國技師負責保養。到了清明節或是每逢必須全家一起回老家的時候，男女老少就會高高興興地乘船北上，沿著蘇州河進入太湖，再從太湖進入大運河。大運河的一條支流連接著潯溪，那潯溪就通向我們的老家──位於浙江西北部，挨著太湖邊上的湖州南潯鎮。

　　沿途大人們喜歡欣賞河邊的風景，談論他們感興趣的話題，我們小孩子只管打鬧，不停地吃好吃的東西。當然，回南潯老家對孩子來說並不是最最好玩的事情，最好玩的是乘上我父親後來從國外購置的、有80英尺長的遊艇，到吳淞口和太湖去冒險……

張靜江曾帶著手槍來借錢

南無錫路上的張家大宅院，並不是
南潯張家在上海的全部；收藏，也不是
張家大宅院生活的全部，更不是這個家
族的社會意義的全部。被紅衛兵搶走的
和被人們看到的，只是這個家族的「百
寶全書」之一頁，是冰山露出的一隻尖
尖角。

現在上海展覽館（原中蘇友好大
廈）西側，幾年前還存在著張家另一處
大宅院，那是南潯張家東號在上海的老
宅院，即張石銘的堂弟張弁群、張靜
江、張澹如、張墨耕、張讓之、張久
香、張鏡芙兄弟家的大宅院。他們兄弟
的父親張寶善晚年就在那裏居住，並且
在那裏度過了**70**大壽。註5

當然，張靜江兄弟後來也都陸續
搬出去了，有的出國到了海外，有的搬
到了南京西路、西藏路、思南路、巨鹿
路、威海路等處。張家東號的「觸角」
不僅進入了蘇州河，而且通過黃浦江進
入了東海，橫跨了太平洋，在一個世紀

民國元老張靜江（人傑）

以前就已經到達了法國、英國、比利時和美國，留下了中國人早期闖蕩世界的艱苦腳印。

從此，張靜江這個名字，以及張氏家族的許多人的名字，就與孫中山、宋慶齡、同盟會、辛亥革命、二次革命、北伐戰爭、世界社、赴法勤工儉學、蔣介石、陳潔如、陳其美、李石曾、吳稚暉、西湖博覽會……這些中國現代史上的重要人物和事件，聯繫在了一起。

與很多人的情況不同的是，人家大多是沒有飯吃了才去革命的，而張家人，卻是拿著大把大把的錢財走向革命的。尤其是張靜江，一生中對民主革命多次捐獻鉅款，孫中山先生曾多次稱讚他的革命義舉[註6]，還有人把他譽為毀家救國的革命義士[註7]。他為革命在張氏家族中募集資金的故事，在張家後代中代代相傳，有的幾乎成了笑話。

張靜江的二女婿周君梅就曾講過張靜江拿著手槍去借錢的故事：辛亥革命之後，南方與北方的軍事勢力對峙，孫中山先生決定發動二次革命，需要錢財籌備軍火。張家人中最有經濟實力者即張石銘，因為他一個人繼承了南號的全部遺產。那時張石銘本想避開政治，但是在張靜江激烈的言辭下，他還是多次捐助了巨額資金。有一天，張靜江又來索借巨款，張石銘當面堅決地拒絕了。張靜江不依，他們就在廳堂裏大吵了起來，爭吵漸趨白熱化。最後，張靜江不耐煩了，一下子拔出裝了子彈的手搶，命令張石銘立即答應。張石銘嚇了一跳，他終於明白了，自己的堂弟如今已是一個多麼徹底的革命者，只好同意了。

由此可知，張氏家族與現代上海，乃至現代中國，都發生過非常密切的聯繫。她既是上海上流生活的一個代表，也是上海從開埠到辛

亥革命、到抗戰勝利、到改革開放一段大歷史的濃縮。這段歷史鏈上幾乎每個環節，都可以從張氏家族的生活中找到具體的印證。從這個意義上說，或許張家的故事，不僅僅是張家一家人的事情，而是一部濃縮了的上海二十世紀上流社會的生活史，同時也反映了一個江南巨富家族，如何從南潯小鎮走向革命的心理歷程。

張家石路老宅院裏的雕花

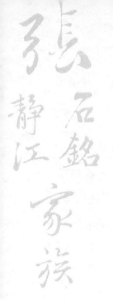

【註釋】

註1：《晶報》1934年6月21－23日署名文章〈上海的千萬富翁〉。

註2：南潯人把擁有1000萬元以上家產的富翁譽為「大象」；500萬元以上的稱之為「牛」；百萬富翁在南潯只是「小黃狗」。

註3：《古錢大辭典》，丁福保，1942年

註4：宋路霞採訪筆記：2005年8月21日採訪張石銘的孫女張穎初

註5：宋路霞採訪筆記：2004年12月11日訪問張墨耕的長子張乃鳳

註6：《中華民國名人傳·張靜江》，蔣永敬（臺灣），近代中國出版社，1984年

註7：《毀家憂國一奇人──張人傑傳》，張素貞，近代中國出版社（臺北），1981年

從湖州南潯闖進上海灘的「大象」

上蒼給南潯人的一份厚禮——輯里絲

張家人為什麼能這麼「牛氣」，這麼新潮，這麼慷慨，原因有很多，當然，首先一個前提是因為有了強大的經濟基礎，這個基礎就是張家的祖老太爺、張石銘和張靜江的祖父張頌賢（1817－1892，字竹齋）一手創下的千萬家業。

張家的祖先是安徽休寧人，休寧是個有徽商經商傳統的地方。不少資料都記載說，張家的祖先在明末為避戰亂（李自成領導的農民起義與官軍之間的戰爭），舉家從安徽遷居到浙江，另有一支到了江西。清康熙年間，在浙江的這一支才落戶南潯這塊風水寶地。註1

但是，張家後人中還有一種說法，認為他們更早的祖先原先在福建福州，不知是哪個年代，有個猶太籍的高加索女人嫁進了張家，所以張家的血統中就注入了猶太人的遺傳基因，致使張家後代中有一部分人長得濃眉大眼，類似外國人，如張石銘、張智哉（張

石銘的女兒）、張叔馴都是這樣。據說原先在福州市內有個張家祠堂，裏面供奉的列祖列宗中就有這位猶太人老太太。^{註2}

雖說張家歷代都在做生意，但是在張頌賢的曾祖父張振先、祖父張秀升時代，還只是個以彈棉花為生的小手工業者。到了張頌賢的父親張維岳時代，才開始做些小本經營，或許在這期間，張頌賢憑他的聰明才智，已經在協助其父從事經營了，逐漸積累了經商的經驗，這為他後來的崛起，準備了條件。

當一個時來運轉的機會降臨南潯的時候，張頌賢就及時地抓住時機，開始運作。他一生頻繁地往返於南潯、上海、杭州之間，從事生絲和食鹽的貿易。商海風波，幾經危墜，全靠他大智大勇，穩健地進

太湖邊上的傳奇小鎮——南潯

退，每次都能化險為夷。到他1892年辭世時，已經神話般地聚斂了一千多萬兩銀子，成功地名列南潯的「大象」之列。註3

南潯人有南潯人的幽默，把發了財的富戶依家財多少，分別喚作「大象」、「牛」和「小黃狗」。依南潯之富，鎮上竟有「四象八牛七十二條小黃狗」。家財一百萬兩銀，在別處可以耀武揚威，稱百萬富翁，而在南潯，只能屈居「小黃狗」。而要當「大象」，就得賺上一千萬兩銀！

張家家業的開創人、南潯「四象」之一張頌賢（居中）和他的兒子張寶善（左一）、孫子張靜江（右一）、張弁群（右二）、張澹如（右四）。

一千萬兩銀，在當時是個談何了得的數位！孰不知1900年庚子事變後，八國聯軍退出北京時，大清帝國全年的稅收也只有八千萬兩銀。而區區一個南潯小鎮，僅「四象」的家產，就能抵得上庚子年全國稅收的一半，這是何等的身價？難怪人們要說，南潯是當時中國最富的一個小鎮。

至於一百多年前的一千萬兩銀，絕非現在的一千萬元人民幣的概念，這中間的幣值變化有著巨大的落差。據張頌賢的玄孫、金融專家張貽智先生考證，十九世紀中國在國際上的主要貿易夥伴是英國。1850年到1870年的幣值是，一兩銀子兌換6先令8便士，也就是80便士，也等於三分之一英鎊（舊英鎊的幣值）。以此推算，當時的一千萬兩銀子大約可以兌換330萬英鎊（英鎊舊制）。而當時的330萬英鎊經過一百多年的世事滄桑、商場巨變，加上通貨膨脹等因素，已經相當於現在的2億3千萬英鎊，也就是相當於現在的4億6千萬美元。然而，這僅僅是一種較呆板的計算方式。

如果從1870年到2007年的國民收入上升的指標變化（GPT平均增長值）來考察，那麼當時的330萬英鎊就相當於現在的19－20億英鎊，或者38－40億美元。然而張貽智先生認為，這還不能完全反映當時張家財產的相對值。他認為經濟的發展在不同的地區差距會很大，比如從購買力的角度看，在中國當時用一兩銀子可以買到的商品，遠遠比用一個英鎊在英國買到的貨物多得多。也就是說，當時中國一兩銀子的真實價值，要遠遠大過一個英鎊。

張貽智先生還有一個非常有趣的考證。他的推算邏輯是：根據資料記載，在十九世紀，一個中國普通農民的年收入，差不多是8兩銀

子（普通農民的收入差不多有一半用於口糧消費。那時買一擔米只需1.75兩銀。當時中國大米的年消耗量，平均每人2.2擔，也就是4兩銀子左右，以此類推，一個普通農民的年收入，差不多在8兩銀子左右），一個普通農民的終生收入，平均不超過300兩銀子。於是可以知道，張頌賢所擁有的財產，就相當於當時一個普通中國農民終生收入的3萬倍。然而看看現在的美國，擁有一般美國公民終生收入3萬倍的財產的人，只有兩個人，一個是比爾·蓋茲，另一個是「股神」巴菲特（世界頂級股票專家）。現在一個中等收入水平的美國公民，他的終生收入不過100萬美元而已。

有了這幾個方式的比較和計算，當年張頌賢所擁有的一千萬兩銀子的當代概念，就比較清楚了。而南潯，這樣一個太湖邊上的江南小鎮，那時竟擁有了四隻上千萬元身價的「大象」！這就不能不令人歎為奇跡了。這裡就用得著中國的一句老話，叫作「天時、地利、人和」。而所謂「天時」，主要是指上海開埠這個歷史性的大事件，給張頌賢等天才商人帶來的機遇。

那是一個中國對外貿易空前大發展的時代，打破了過去只有廣州的十三行（俗稱牙行，是十三家官方特許的從事外貿的商行）才能做外貿生意的壟斷，從上海可以直接進行出口貿易了，從而大大節約了從江南把貨物運到廣州的人力、物力，也就大大地節省了出口成本。這樣一來，從南潯到上海，水路運輸一下子繁忙起來，到了蠶絲交貨的時候，潯溪、運河和上海的蘇州河裏，遠遠望去，全是裝載著絲包的帆船。後來一位有影響的洋大人、大清帝國總稅務司赫德（Robert Hart）的秘書馬士（Hosea Ballou Morse，1855－1934）在他的《中華帝國對外

關係史》中寫到：鴉片戰爭後「上海立刻取得了作為中國絲市場的合適地位，並且不久便幾乎供應了西方各國需要的全部。」正是說明了上海開埠對於生絲出口貿易的至關重要的作用。註4

面對這個千載難逢的發財良機，誰抓住了誰就會贏得市場，贏得成功。

那時從南潯到上海只需兩天的水路，比原先運到廣州不知要近便多少。上海開埠那年張頌賢才26歲，正是年富力強、血氣方剛做大事的年齡，他及時地接住了時代拋給他的這個繡球，聘請了得力的「絲通事」（聯絡生意的掮客），在鎮上絲行林立的絲行埭開設了張恒和絲行，全力經營「輯里絲」。「輯里絲」的名稱源於南潯與烏鎮之間的

潯溪穿鎮而過，當年南潯人就是從這條河把輯里絲運到上海。

一個村莊七里村，這個地方在明朝出了一個大人物，即明朝宰相溫體仁（字長卿，世稱溫文忠）。宰相大人雅好斯文，把「七里」改為「輯里」，「輯里絲」由此得名。

當時的普通做法是，低價從鄉下蠶農家裏把蠶絲收購上來，加價後再賣給前來南潯收絲的洋行買辦，從中賺取差價。後來他自己打進上海灘，在上海洋涇浜橋一帶附設了自家的絲行，直接把蠶絲運到上海自己組織銷貨，這樣可以省去很多中間費用。於是張家就有了從南潯到上海的一條龍的生意線。尤其是到後來，能與上海洋行裏的買辦合作，上下聯手做生意，就更加進退裕如了。由於經營得當，不出多少年，張家躍為鎮上巨富。

所謂「地利」，則是上蒼恩賜給南潯以及太湖周邊地區老百姓的特殊恩惠——讓這個地方氣候溫濕；讓這個地方水域廣闊，而且水質優良；讓這個地方的桑葉長得特別茂盛，特別有利於蠶寶寶的生長；讓這個地方勞動力充足，足以應付市場的需要……於是這塊地方就值錢了，孕育出了只有在這塊土壤上才能生成的一種優質蠶絲——輯里絲。註5

用輯里絲製成的衣服，柔軟，亮澤，耐用，在歷史上，當地除了要供應歷代朝廷之需，還是英國、法國貴族小姐和婦女的最愛，是她們日思夢想的上等奢侈品。因為這種絲織品不僅色澤鮮亮，而且拉力好，彈性足，所以長期以來一直是海外市場的搶手貨。洋商是無孔不入的，開埠的政策，海外的需求，廉價的商品，豐厚的利潤……令上海洋行裏的大班、買辦、跑街和掮客們空前地忙碌起來，紛紛把眼光瞄準了太湖南岸。他們平均每年要從這裏買走六七萬擔生絲（一擔100

斤），這就更加助長了南潯的人氣註6。

南潯歷來是漁米之鄉，家家戶戶世代植桑養蠶，所產輯里絲在明朝初年就已「名甲天下」，到清朝初期，已經出現了從事蠶絲貿易的絲業世家。這種「地利」到了上海開埠以後，就必然誕生一批超大型的絲業商人。

現在人們來到南潯，仍然可以看到當年進行蠶絲貿易的集中地——絲行埭，絲行埭前面是一條小河，小河通向大運河、太湖、蘇州河，蘇州河又連著黃浦江，黃浦江通向太平洋。生意談成後，重如大米包一樣的生絲包就被一包包地扛上了船。

至於「人和」，那是一門更大的綜合性學問了，除了商場的種種技巧，還包括了傳統的豪門聯姻和借助官力，這是只有張頌賢個人才明白的超級智慧，是他對「天時」、「地利」的清醒把握和綜合利用。關於這一點，後人從他經營鹽業的過程中可以看得更清楚些。

有了這三條，「小黃狗」就長成了「大象」。

現在從上海西區驅車向西，只要兩個小時就可到達那個誘人的小鎮——南潯。這個地方方圓不過百里，老城區依舊粉牆黛瓦，河道縱橫。鎮上到現在也不過才40000人，解放初只有12000人。但是就是這個彈丸之地，因為有了小小的、白白的蠶寶寶，就變得不同凡響、大紅大紫起來，每年源源不斷地向世界輸出著中國最好的生絲。

這在南潯，使小鎮成了中國最富的一個小鎮；對上海來説，使上海在當時的五口通商當中，成為其中最富活力的一個城市；這為中國，帶來了更加亮麗、鮮活的魅力。

所以，從某種意義上説，南潯，是中國近代水上絲綢之路的源頭。

喜怒無常的「白老虎」

可是不知從什麼時候起，可愛的蠶寶寶忽又變得面目可怕了起來，竟然有了「白老虎」的惡名，以至於張頌賢後來都不敢去碰他了。

說來令人扼腕，表面上是由於一場「絲災」，而實質上竟是一場充滿腥風血雨的民族鬥爭。可惜中國那時太落後，資訊不暢通，並不瞭解國際市場上的真正情況，被洋場上的奸商所戲弄，最終無奈地失敗了。其中損失最慘重的，竟是享有「紅頂商人」之譽的著名官商胡雪巖。

商海如大海，無風三尺浪，何況隨時還有明潮暗流的襲擊。做生絲貿易雖說利潤很高，但每年的行情起落常有變化，有時變化還很大，這樣風險也就很大，因為做絲的商人一般都是向銀號貸了款去鄉下收絲的，一旦國際市場價格大跌，絲行就要吃倒帳。

海關方面的資料表明，上海開埠的頭十年，是中國生絲貿易的黃金時代，

南潯絲行埭，過去絲行、絲棧林立，是江南著名的蠶絲貿易市場。

每年的出口量都有大幅度的增加，而且差不多全國的生絲出口都集中在上海。1844／1845年度為6433包（每包80斤），第二年就翻了2.36倍；八年後翻了4.36倍，達到28076包。

與此同時，恰逢歐洲爆發蠶瘟，法國和義大利等國的生絲都減產，這就給了中國商人更好的發展機遇。因此從1853年下半年起，國際市場對中國生絲的需求量再度攀升，出口量又創新高，達到62890包。接下來連續幾年出口旺銷，至1858／1859年度，上海口岸的生絲出口量已達85970包，是上海開埠之初的12.4倍。這是上海開埠後的一件了不得的大事，也是南潯「四象八牛七十二條小黃狗」的黃金時代。[註7]

60年代初太平軍打到了上海，圍困了上海城，接下來就是好幾年的清軍淮軍與太平軍的拉鋸戰，上海與江浙腹地的交通斷絕，出口貿易自然大受影響，這期間的生意量僅及1858年的一半左右。

到了1870年代突然又有了一個繁榮期，主要因為1876年歐洲自然災害的關係，那裏出現異常氣候，義大利、法國和西班牙三國所產絲大幅度減產，僅及尋常年度的三分之一，於是上海市場上就掀起了洋商「狂購華絲」的熱潮。國內人僅知道生絲好銷，能賺大錢，卻不知道出現「繁榮期」的原因是暫時的，於是為利益所趨，就有更多的人投資生絲，甚至囤積居奇，與洋人攤牌叫板。其中的代表人物在杭州就是胡雪巖，在南潯，則是靠輯里絲發家最早的顧豐盛家。

然而「繁榮期」很快就過去了，因為歐洲的生絲生產國的情況後來漸趨正常了，然而洋商中的奸商卻愈發連成一氣，集中打擊華商的生意。可惜由於那時的華商並不完全瞭解這種複雜的局面，終於釀成

1883年的「絲災」。

在這之前，奸商故意放出空氣，說是歐洲又遭遇了自然災害，生絲產量大幅度減少，對華絲將有一個極大的需求量，這麼一來，就引起自以為資訊靈通的華商的爭相囤積生絲。結果他們上了奸商的當。1883年國際市場的生絲價格並沒有上漲，相反還要下降許多，需求量由於奸商的人為作梗，不僅沒有增加，反而大大下降，致使一些華商原先囤積的生絲價格一跌再跌，以至於跌入「肉」裏去，最後致使大批蠶絲只好堆在倉庫裏發霉、爛掉。

這一年，紅頂商人胡雪巖因囤絲過多，銷售不暢，導致他的阜康銀號資金周轉失靈，最後只好宣佈倒閉[註8]。官府嫌他拖欠了官方的錢，將他抄家法辦，就連最支持他的浙江巡撫左宗棠（後任閩浙總督）也無法保住他。1885年左宗棠去世之後，他的後臺徹底倒了。當朝廷將他逮捕下獄的聖旨到達浙江時，他已經憂懼而死了。[註9]

張家的近親龐氏家族（也是南潯「四象」之一，龐家的龐萊臣、龐青城是張靜江兄弟的親舅舅）的老太爺龐雲鏳是胡雪巖的好朋友，生意上是很親近的搭檔，這一年也元氣大傷。顧豐盛家基本上被拖垮了，以至於後來把他家在南潯的大宅院賣給了張石銘。張家的另一門親戚周家也受了很大損失。

至於張家在這場「絲災」中遭受了多少損失，現在張家的後代都講不清楚了，但想必還是有不小損失的。因為一來，張家的張恒和絲號是大絲號，生意上歷來都是做大筆買賣；二來，從事後張頌賢的態度來看，是痛心疾首的。他告誡張家後人：「張家人從此再也不要做絲業！」這一條是作為家訓，被嚴格執行了的。

張
石
銘
家
族

張
靜
江

張家列宗列祖畫像，第二排右是張頌賢。

幸虧張頌賢似乎早年已經意識到了絲業的危險，他在太平天國還在打仗的時候，就已經有意識地把資金向鹽業方面轉移了，經營的重心也逐漸向鹽業方面靠攏。後來看到了胡雪巖的可悲下場，他更認為絲業為洋人所操縱，華商總是要受氣的，而鹽業卻是萬民日常不可或缺之物，又有官方的護佑，應當大力辦鹽。所以張家在十九世紀最後幾十年和二十世紀最初30來年，是以經營鹽業著稱的。張家的鹽公堂一直經營到1937年抗戰爆發。

半個江南都吃張家鹽公堂的鹽

關於張家老太爺張頌賢，著名狀元實業家張謇在1896年寫的〈烏程張封公墓碣〉中說他：「公儀度廣顙豐頤，聲若巨鐘，飲食興止有常節，獨居危坐，竟日無怠容。言行守慈儉，踐然諾，應事敏而無機心，亦詼啁而不觸人之隱……」是說他額頭很寬，精神飽滿，儀表堂堂，說話嗓音很響亮，舉止

飲食都很有規律，也很幽默，生意上守信用，重然諾，做事機智敏捷而無邪心，不去觸動人家的隱痛……幾句話，把一個神完氣定、胸有成竹、舉措有方的智者形象勾勒出來了。還說：「浙人尤喜道公綱紀幹鹽之善。」是說他在浙江辦鹽的成果是得到了大家的公認的。

但是，中國的鹽業不是那麼好辦的，鹽業不是一種普通的商業，需要高度的智慧才能對付。中國歷史上自漢代以來，鹽和鐵總是實行官營的。私人要從事鹽的買賣，必須從官方獲得（花錢買得）經營鹽業的執照（即鹽引或鹽票）。如果對朝廷有功，或是封疆大吏的近親，有時不需要花錢買，官府會賞給鹽票的。但是鹽商對於朝廷和地方官府，也負有特殊的使命和義務，常常要被指定「納捐」和「報效」，所以鹽商既是一種享有特權的特殊商人，也是地方高官的「後備錢庫」，他們隨時都必須應付來自官場的各種需要，他們與官場的相互依存關係，極其複雜。

經營鹽業必須有官方執照，但從經營鹽業的執照（鹽引或鹽票）來說，名目有很多，有的是運鹽的、制鹽的，也有的是賣鹽的，還有收購鹽、儲存鹽的，各有分工，各有地盤，壁壘森嚴，神聖不可侵犯，都有經營數量、經營規模、經營範圍、運輸路線和交納稅收的具體規定。某個收購鹽的鹽商，按照他所擁有的鹽票，只能在某些鹽場收購鹽；某個運鹽的鹽商，按照他所擁有的鹽票，只能按照固定的路線，把鹽運到指定的碼頭和地區銷售……諸如此類的規定，多如牛毛，稍有不慎就會釀成商業官司。

張家所從事的主要是運鹽和銷售鹽。就運鹽和售鹽來說，全國總共劃分為十一個區域，諸如兩淮、長蘆、東三、山東、兩浙、兩廣、

河東、福建、四川、雲南、甘肅，鹽商只能在自己所屬的區域內從事鹽業活動，絕不可超越界限。但是這個區域界限劃分的依據非常有趣，居然是按照五代十國（公元907－960）的時候，天下大亂、群雄割據時代的勢力範圍來劃分的，以便諸侯們收稅。那時兩浙是吳越王的地盤，兩淮是南唐王的地盤。後來雖然國家統一了，但行鹽的區域已經形成，後來的王朝為免除麻煩，將這種區劃作為制度沿襲了下來。經過宋朝、元朝、明朝、清朝，直到民國後的抗戰之前，一千多年來一直固守這種行鹽的格局，這在世界鹽業史上，也算一大奇觀。

兩浙區的行鹽範圍有多大呢？史料的記載是：浙江全省；江蘇的蘇州、松江、常州、鎮江、太倉五府及海門、崇明；另外還有安徽的九個縣和江西的七個縣。註10

那時從事鹽業的分工和行業規矩及其嚴格，嚴格到現在的人都有些無法理解的程度。比如，沿海的鹽民只有生產權，而沒有經營權，也沒有運輸權；每個鹽場有多少曬鹽的「曬板」，有多少鹽田，都有嚴格的限制，都經過官方的審核和登記、認定的，不許也無權任意擴大生產範圍和規模，因此每個鹽場的年產量也就有了嚴格的限制。如果多出來了，那就是私鹽，要受到懲罰。而運商（從事食鹽運輸的鹽商），每年被許可運輸鹽的數量、運鹽的路線和上岸的碼頭、銷售鹽的數量、銷售的地域範圍等等，也全都作了相當明確的規定。如果你超越了這個範圍，「侵犯」了別人的經營範圍，或是超過了規定的運輸數量，那也是私鹽，一旦抓到，格殺勿論。

所以現在人們看到的清代鹽史、鹽法、鹽政資料，多如牛毛，儘管卷帙浩瀚，大量的卻都是這種不厭其煩、不厭其細，甚至有些斤斤

計較、迂腐可笑的種種繁瑣規定。甚至把浙鹽從各條水路運到各個港口的水路里程，都作了嚴格的列表統計，為的是限制運輸成本，以防虛冒、抬高價格。可知鹽業利潤雖高，卻不是那麼好「淘漿糊」的生意。這種從朝廷到地方的關於鹽業的各種法規和具體條款，可能是中國最為複雜、繁瑣、嚴密的商務條款。張頌賢的徒弟、張靜江的親家周慶雲編印的《鹽法通志》，竟有整整100卷，16開本，幾十冊，摞在桌子上有數尺高，可見這個行業的山高水深！

鹽商享有官府給的食鹽專賣權，這種專賣權可以世襲，儘管必須依法納稅，但無形中也是一種身價，是一種依附於官場的特殊階層，與官場有著千絲萬縷的聯繫。在明清時期，還實行過「專商引岸」的政策，就是將一個地區的鹽業，指定給幾個大鹽商經營，可以世襲，別人不許染指。當然，要取得這種「專商引岸」的特權，就要花費巨大的代價，這種代價的憑證就叫做「票本」，也叫「票窩」。曾國藩、李鴻章、左宗棠在平定了太平天國後，為了儘快地籌集資金，治理已是滿目瘡痍的江南，也採取過「專商引岸」的政策，名義上叫作「迴圈票法」，而內容實質上與「專商引岸」相同。那時普通鹽商手裏的鹽票，每張要加付400兩銀子。而要取得「迴圈票法」的專營特權，就要花更多的代價。註11

鬧義和團時期的庚子年間（1900年前後），清王朝又規定鹽商要按年認捐「票本」10萬兩（追加「票本」的成本），按經營數量攤派。張家當年在左宗棠的庇護下，獲得了這種可以世襲的、別人不可染指的、甚至官府也不可以任意剝奪的專營特權，在1892年張頌賢去世之後，仍舊由他的子孫後代繼承。如果官方要收回這種專營特權的話，

那就必須把「票本」兌現出來！把鹽商買「票本」的原始成本歸還鹽商。晚清政府和民國政府的財政始終處於捉襟見肘、被動挨打的局面，地方官吏們既然無法兌現「票本」，也就無法取消鹽商們的專營特權。張家之所以能在鹽業界立足八十年，能把浙鹽長期運到江蘇和江西、安徽去賣，秘密武器就是傳統的「票本」。

所以民國以後，財政方面的有志之士不斷為鹽政的改革大聲疾呼，為傳統的鹽政的牢不可破而大加抨擊：「我國鹽政，承襲滿清時代之引岸專商制，虐民傷財，弊害叢生。似朝代可換，專制郡主可以推翻，帝國主義可以打倒，軍閥政客可以剷除，惟此少數鹽閥，承數千年封建餘蔭，視全國為其湯沐邑，虐民以逞，坐享其利……」[註12]鹽業改革似乎每年都在進行，但效果甚微。

這裏的奧妙還在於官商勾結。地方官府既然給了鹽商以經營特權，也會常常向鹽商伸手勒索，要「報效」，歷來的大鹽商往往都成了地方大官的「小帳房」。曾國藩、李鴻章、左宗棠等人，在軍需緊要或治河、救災、財政緊缺的時候，都會拿鹽商「開刀」。各級官員本身也會不斷地得到鹽商的「孝敬」錢財。官府越是依賴鹽商，鹽商反過來向官府要的特權也就越多。他們相互依賴。他們越是互相依賴，傳統鹽業秩序就越是鞏固。

由於食鹽成本底（尤其是浙鹽，只需把海水儲存起來，靠太陽曬乾即成，所謂曬鹽。有些地方則需要「煮海為鹽」，成本高一些。二十世紀三十年代的鹽價，平均每擔在十元以上，有的高至十七八元，而成本，包括一切運輸雜費在內，合計不過才二元五角）[註13]，需求量大，市場和產地穩定，運輸的路線也相當穩定，所以利潤也很穩定。因此歷來的鹽官和鹽

商，凡是跟鹽業有關的人，沒有不發財的。正因為鹽業是個有官府背景的發財行當，業內人士也是投入了很多成本才獲得鹽業經營權的，於是生怕外人染指，對那些私自從事鹽業經營的私鹽販自然深惡痛絕。然而外人眼見鹽業這麼發財，就拼命設法染指。於是，緝私就成了一個與經營鹽業同樣重要的任務。地方官吏除了組織專人緝私，也賦予鹽商以緝私的權利，一旦抓到私鹽販可以自行審訊，甚至格殺勿論。所以，張家的鹽號和鹽業管理處，又俗稱鹽公堂。

在張頌賢三十來歲的時候，爆發了太平天國運動。太平軍橫掃浙江的時候，各地官府一片混亂，「小亂住城，大亂居鄉」，大家望風而逃，作為歷代官府所依為賦稅重課的鹽官，也逃得無影無蹤。

這下可解放了鹽民，私鹽得以產運銷旺盛，也不用交稅了，而原先享有官府特許專利的鹽商就失去了黃金飯碗，拿著鹽票也沒用了。於是，杭州城內小粉牆一帶的大鹽商朱恒源，就急於將手中的10萬鹽票脫手。那時路人皆視鹽票為廢紙，以為大清王朝氣數已盡，將來就是太平軍的天下了。恰恰張頌賢獨具慧眼，他認為食鹽乃生民之日常必需品，歷來都是國家專營而私民不可為，眼前的混亂是暫時的，既使將來太平軍坐了天下，也要將私鹽收為公辦的。鹽票目前雖不值錢，將來必定大有可為。於是把朱家的10萬鹽票全部「吃盡」，使張家於絲業之外，從此誕生了一個張恒源鹽號。註14

張家的張恒源鹽號的總管理處，最初設在杭州，後來遷到上海南京東路西藏路口的大慶裏，後來又遷到南京西路泰興路的張園中。

沒過幾年（1864年）太平天國果真失敗，大清王朝重新恢復官鹽了，鹽票的價值一路攀升，小票值500兩銀，大票值1000兩銀，向人

張石銘家族
張靜江

出租一張小票，一年也可賺500兩銀子，張家的財富一夜間暴漲10倍，驟然成了浙江鹽業巨頭。所以，後來張頌賢的孫子張靜江隨駐法公使孫寶琦出使法國時，想開闢一條中法之間的貿易渠道，託孫寶琦寫信給上海的實業巨擘盛宣懷，求其與之溝通，孫寶琦在信中稱張靜江「其家世代饒於資」，即是指此。註15

如同做絲的生意一樣，張家人自己並不直接從事食鹽的生產，而是經營鹽的運輸和銷售。即低價從沿海的場商那裏收購上來，集中之後用船運到規定的江河碼頭，再轉運到浙東、浙西、江蘇、江西和安徽銷售。張家的勢力範圍，居然可以把浙東出產的鹽，運到蘇北產鹽區去賣，這顯然是個不合理的事情。人家蘇北本身就產鹽，鎮江、溧陽等地離揚州、鹽城等所謂淮鹽產區那麼近，為什麼要吃你長途販運來的浙鹽呢？然而這是歷史上的鹽法早就規定好的了，不吃也要吃！所以直到二十世紀30年代，張頌賢的孫子張叔馴和張久

張家祠堂舊址

香，還常常去鎮江等地查閱鹽務賬，這種格局一直維持到抗戰爆發。

張頌賢的鹽票後來還不止於此。張謇為張頌賢撰寫的〈墓碣〉（即〈烏程張封公墓碣〉）中還說：「同治初年（即1861年），寇亂甫平，改引額為票運，繼又規復舊章，而私販充斥，引滯課詘，商用愈病，浙西鹽法大壞矣。巡撫召商集議，令願棄引者聽，棄則悉畀公。」註16這就是説，在太平天國剛剛被鎮壓下去的時候，面臨鹽業一片混亂的局面，清政府又要恢復正常的鹽業秩序和税收制度了。浙江巡撫大人左宗棠曾召集過一次商業巨頭的會議，而張頌賢也被召集在內，這就很清楚地説明了他當時的地位和影響，此第一。不僅如此，左宗棠還看中了他的管理才能，要他出來參加整頓鹽務，並在會上動員各位：凡對大清鹽票失去信心者，全部將鹽票讓給張某好了！如此一來，張頌賢有了官府的支援，更加大膽地收鹽票了，先後共得20萬引（一引為380斤鹽），也就是説，他可以經營7600萬斤食鹽，於是成為浙江最大的鹽業壟斷者。

至於巡撫大人左宗棠為什麼這麼看中張頌賢？為什麼動員大家把鹽票讓給張頌賢？為什麼甘作他的後盾？這個問題用得著張靜江對他兒子張乃昌講的一句話：「因為張家人對朝廷立了功，作為回報，官家給了鹽票，從此經營鹽業，就更加發財⋯⋯」註17。

至於張家祖先究竟為朝廷立了什麼功，朝廷具體給了張家多少特權，為什麼他居然能調動前任安徽按察使張學醇和知府沈平章，來先後為他「總其事」註14，如今已經難以詳加考證了。想必與他的親家龐雲鏳一定有很大的關係。因為龐雲鏳的後臺是胡雪巖，胡雪巖又是左宗棠非常信得過的人。官場與商場的關係，於此可見一斑。

從二十年代關於浙鹽的一份資料看[註18]，張家在浙江擁有很多鹽號。這些鹽號有一部分在後來分家時，成了張家子孫後代的產業。這些鹽號是：張益昌東、張益昌石、張益昌恒、張益昌懿、張益昌尊、張益昌定、張益昌鼎、張怡昌定、張源順、張恒昌和、張宏泰書等等。

然而光有鹽票還只是得到了官方的許可，有了營業執照，而要真正生利，並能如數交納鹽稅，就必須有效地扼制私鹽泛濫。於是，他「連約諸商，變通成法，並江海、浦靖之巡為二，以分緝內地、外洋之私，並常、鎮、蘇、淞之廠為一，設帑引三萬四千道，均於諸鹽商輕課減價，以陰敵緣江並海之私。於是商利溢滋，官課以充，而公之家亦日以豐大。」（張謇〈烏程張封公墓碣〉）可知此張老太爺，還以剛柔並濟的管理才能稱雄，居然成功地「懷柔」了諸多小的商人，加強了緝私，把常州、鎮江、蘇州、松江等地的鹽倉統一管理（這很可能就是後來民國年間的蘇五屬鹽商公會的雛形），既保證了官府的稅收，又使各地鹽民、鹽商沾利。

當然，他在此壟斷性的行業中成了最大的得益者，除了在上海西藏路大慶里設立鹽務總管理處（又稱「恒源老賬房」）外，還在蕪湖、宣城、太倉、蘇州、無錫、常州、鎮江、宜興、溧陽等地設立分支機構，亦稱「鹽公堂」。[註19]

關於緝私鹽（鹽梟）之事，歷來是件極為危險之事，歷代朝廷都是要真刀真槍地鎮壓的。揚州的鹽梟徐寶山，曾擁有上萬人的武裝，與官府抗衡多年，直到民國後才被招撫。招撫後還不老實，最後被張靜江設計炸死[註20]。浙江沿海產鹽區一向也是「事故多發地段」，想必不動用槍桿子是無濟於事的。那麼張頌賢一個商人，何來槍桿子去對付鹽

梟橫行呢？這真叫老天樂成人之美也，此事又是他的親家龐雲鏳幫了大忙。

　　張頌賢的親家龐雲鏳即他的二兒媳（張寶善之妻，張靜江之母）的娘家，是南潯的另一頭「大象」。龐雲鏳（1833－1889）是兼營軍火生意的特殊商人，字芸臯，15歲時即去當學徒，在鎮上後來成為「八牛」之一的陳熙元的陳裕昌絲行幹活兒，滿師後已通曉經營蠶絲的經營之道，遂以小本販運謀利開始，逐漸積累資本，也是一位從「輯里絲」起步發家的傳奇式人物。他的兩個兒子，就是在民國史上很有名氣的龐萊臣（虛齋）和龐青城。龐雲鏳在上海經營蠶絲的過程中，結識了杭州的「紅頂商人」、胡慶餘堂國藥號老板胡雪巖，成為莫逆之交。胡雪巖幫龐雲鏳在南潯開設龐滋德國藥號，與胡慶餘堂掛鈎，設藥棧和製藥工場；而龐雲鏳則幫胡雪巖在上海作蠶絲生意，他們互相合作，互補長短，極為相投。胡雪巖有官方支援，是左宗棠的得力助手，膽子比龐家大得多。

張家張恒源鹽號總管理處舊址

胡雪巖在結識左宗棠之後，曾受左宗棠之託，向洋商購買軍火，以鎮壓農民起義以及出征新疆。胡就轉託龐雲鏳在滬與洋人聯繫，從洋行進口軍火。龐雲鏳做成了這筆生意，從中謀得暴利，遂又開闢了一項新的利源。在其親家張頌賢也需要軍火來緝私鹽時，於他來說，就更是一個順水推舟，多多益善之事了。

據張寶善的一個孫子、103歲的張乃鳳先生說，張家的緝私船上是有貨真價實的洋炮的，非常神氣，那是一艘炮艇，專事巡邏緝私。每年炮艇上的管帶在過年時都要來張家彙報業績，張家自然會給些賞錢。[註21]

張頌賢有兩個兒子，大兒子張寶慶（字質甫），國子監生，曾捐得花翎候選郎中，可惜長年患病，二十來歲就得憶怔病，「沉綿不能治，卒年四十三」（繆荃蓀〈張封公家傳〉），竟先於其父五年而逝（1887年），未能繼承和掌管家業，僅有一個兒子即張石銘（鈞衡），成為「承重」家業的長房長孫。

張家在蘇州的典當（可大典）舊址

老大多病，老二自然就肩挑重擔了，所以張家第二代當家人就只能是張頌賢的次子張寶善（定甫），即張靜江的父親了。

張寶善（1856—1926）成年後即是父親生意上的好幫手。他於舉業上很不得手，僅由附貢生資格，取得一個戶部貴州司郎中的名義。而實際上一天官也未當過，僅在家鄉和上海料理家業。其父張頌賢1892去世之後，他又獨立操辦了10年，至1903年，才與其兄之子張石銘分家。分家後，張寶善仍居祖傳老屋，並在此基礎上加以修繕、擴建，又在祖宅東北部闢園為東園（又稱綠繞山莊），與其親家龐雲鏳的宜園相比鄰（今仍有遺址在，只是已荒廢）。

張寶善把張家的鹽業大舉向縱深擴展時，還積極發展與鹽有關的加工業，接連開辦了張恒泰、張恒昌、張元泰、張啟泰、老裕泰等系列醬園，並在外地大開分號，製作和經營麵醬、醬油、辣醬、醬菜、腐乳等南方人喜歡的小碟佳味，幾乎壟斷了南潯周圍方圓50里內的醬製品的生產、批發和銷售。據說僅張家的張啟泰醬園就擁有200多隻大醬缸，整體規模可想而知。

有了這樣的生意，張家就在上海站穩了腳跟，可以作更大的投資了，所以後來張家在上海開銀行，設典當，辦綢廠、綢莊，投資房地產，財源滾滾，豪氣沖天，可以在上海灘呼風喚雨了。

有趣的是，中國傳統鹽業的「根」實在是無比強大，中國最後一個封建王朝的滅亡，並沒有給傳統鹽業以致命打擊，甚至辛亥革命和北伐戰爭，也沒能根本動搖鹽商們的飯碗。這種情況，一直延續到抗戰爆發。

【註釋】

註1：《南潯志》周慶雲編纂，1922年；《南潯鎮志》，朱倍得主編，南潯鎮志編纂委員會，上海科技文獻出版社，1995年；蔡元培先生為張靜江之父張定甫（寶善）寫的〈墓誌銘〉（南潯鎮文保所幹部童立德先生提供複印件）；《中國東南的宗族與宗譜》，王鐵，漢語大詞典出版社，2002年

註2：《張家的歷史及我的生活》（稿本），張乃昌，2005年

註3：《南潯志》，周慶雲編纂 1922年；《南潯鎮志》，朱倍得主編，南潯鎮志編纂委員會，上海科技文獻出版社，1995年

註4：《上海對外貿易》，上海社會科學院經濟研究所，上海社會科學院出版社，1989年

註5：《中國近代蠶絲業及外銷》，（美）李明珠著、徐秀麗翻譯，上海社會科學院出版社，1996年

註6：同上

註7：《上海對外貿易》，上海社會科學院經濟研究所，上海社會科學院出版社，1989年

註8：《中國近代史詞典・胡光墉》，上海辭書出版社，1982年

註9：《胡雪巖故居》，馬時雍主編，杭州出版社，2003年

註10：《中國鹽政問題》，蔣靜一，1936年

註11：《中國鹽稅與鹽政》，田斌，江蘇省政府印製局，1928年
註12：《中國鹽政問題》，蔣靜一，1936年
註13：《中國鹽政問題》，蔣靜一，1936年
註14：《南潯鎮志》，朱倍得主編，南潯鎮志編纂委員會，上海科技文獻出版
　　　社，1995年
註15：《盛宣懷檔案》，中孫寶琦致盛宣懷的信，上海圖書館藏
註16：《張謇全集》第五卷，張謇，江蘇古籍出版社，1994年
註17：《張家的歷史及我的生活》（稿本），張乃昌，2005年
註18：《浙鹽紀要》，林振翰，1925年
註19：《南潯鎮志》，朱倍得主編，南潯鎮志編纂委員會，上海科技文獻出版
　　　社，1995年
註20：《中華民國名人傳‧張靜江》，蔣永敬（臺灣），近代中國出版社，
　　　1984年
註21：《讀「絲」筆記》，張乃鳳，知識產權出版社，2005年
註22：據張久香（張靜江的六弟）的女兒張乃瑾回憶，其父曾經告訴他，張
　　　家鹽業的年收入（毛利），在1935－1936年間達到80萬銀元（相當於
　　　2007年的1200萬美元）。張久香和張叔馴監管家族鹽業帳目，每年都
　　　要到各地查賬，所以這個說法應當是正確的。

懿德堂的兩位傳奇女人

「江南第一宅」

張家老太爺張頌賢經商發家之後，跟所有老派的鄉間富紳一樣，首先在家鄉買房子買地，把自己的「老窩」安頓好。隨著南潯「四象八牛」實力的不斷增強，這些「老窩」的規模也在不斷擴大，奢華程度不斷提高，不僅有漂亮、高敞、氣宇軒昂的房舍，還配以幽雅的花園，以至於南潯鎮除了漁米之鄉之外，還有著園林之鄉的盛譽。

現在位於南潯東大街上的張靜江故居，其基礎實際就是張家高祖張頌賢的故居。張頌賢逝世十年後，張家兩房析產，此處歸東號，即張頌賢的二兒子張寶善，取堂號為尊德堂。那時張頌賢的長子張寶慶已經去世，張寶慶的夫人桂太夫人和她的兒子張石銘就在南西街，在張家的啟泰醬鹽店的河對岸，營造了一處更大的大宅院，即有著「江南第一宅」之譽的懿德堂。

懿德堂正門坐西朝東，南牆外一溪之隔是劉家的小蓮莊，溪邊有小路可通，沿小路一直可走到懿德堂的後門，即綴在高牆西南角上的一個小門。從小門折向北，又是一條河叉。過橋繼續向西，就可以走到南潯劉家小蓮莊的大門；不過橋而折北，就是懿德堂沿河的西牆。

這麼一個方位可知，懿德堂是個三面綠水環繞的地方，這在風水先生來說，可謂一方風水寶地。因為他們認為「水」是「流通」的，「活水」可以「通財」，屋外流水不斷，就會得到財源滾滾的好運了。

張家懿德堂後門

狀元實業家張謇為懿德堂題寫的匾額

　　跟所有的江南豪宅一樣，懿德堂也是一處外樸內秀的重重深院。它的門樓雖有兩丈高，但外表上並沒有過於奢華，看上去是一色的鄉間的粉牆黛瓦，在幽靜恬淡的水邊，劃了一道黑白相映的倒影。所有的「財氣」和建築的精華部分，都包藏在高牆深院之內。

　　凡是到過懿德堂的人，幾乎沒有不為之驚訝的。倒不完全是因為它規模大，雕琢精美，用料考究，而主要因為它那特有的、中西合璧的海派氣韻，以及儒商治家的儒雅風範，使人領悟到這個家族在西風東漸中的鎮定和果敢。

　　這處宅子占地約8畝，建築面積達6000多平方米，縱的方面看，大體有五進院落，可是在「中軸線」的兩側，還不規則地分佈著大大小小許多耳院和跨院。如果算天井的話，總共有十多個天井。至於房間，當年不知有多少間房間，反正歷經百年滄桑後，到目前還存有244間房間。無論是論規模還是豪華程度，都遠勝過他們在上海石路的大宅院。

　　第一進是轎廳，就是來人下轎、停轎的地方。此進的通道上有通透的遮簷，遮簷上安著玻璃窗。通道兩側小天井的院牆上有石雕的

圖案，雕著福祿壽三星和傳說中的八仙過海的人物。就連下水道的蓋
頭也是雕花的，雕著象徵吉祥的石榴花。轎廳兩側因為有了小天井，
就解決了傳統豪宅中令人頭疼的採光問題，這樣不僅使得轎廳，就連
正廳（大堂）的門口都「沾了光」。大門的內側門樓與院子裏面的所
有門樓一樣，是垂花門，飾有精美的磚雕造型。在四個篆書大字「世
德作求」的周圍，雕刻了仙鶴、牡丹花、祥雲、如意、壽字、松樹、
和古裝人物。那四個篆字是張石銘的好朋友吳昌碩的手筆。傳說吳昌
碩早年曾在張家當過畫師，走出張家之後在杭州創辦西冷印社時，張
石銘對其曾有過多次捐助，這些捐助如今都被記錄在西冷印社的史冊
裏。西冷印社在2003年已經慶祝過百年社慶了。

鵻德堂後院

　　第二進是高敞而威嚴的大廳，面
闊三間，是專門舉行重要的喜喪典禮和
商議重大事情的地方。大廳的上方高懸
著清末狀元實業家、與張家有過多次實
業上合作的老朋友張謇的手書匾額「懿
德堂」三個楷書大字；底下抱柱上雕刻
著當時名流們撰寫的對聯；堂上正中也
是名家畫的中堂巨幅和題寫的對聯。
中堂下面的紅木案桌上，放著兩個古瓷
花瓶，花瓶兩側又放著兩個落地的、鑲
在紅木鏡框中的鏡子。那時候的人都迷
信，花瓶和鏡子象徵著主人的期望，期
望日子過得平平靜靜。某種程度上這也
反映了張石銘的生活態度，他一生不作
官，不攀附權貴，也不親自打理生意
上的事務，只是埋頭他自己的收藏和
學問。

無處不雕花的懿德堂內院

　　在大廳的右側，有一條又窄又長又
高的備弄，那是通向第三進和第四進的
過道。這樣的備弄院中一共有五條，長
短不一，基本都是這樣的模式。

　　抗戰勝利以後有一年，張石銘的繼
配夫人徐清卿帶著大兒乃熊（張芹伯）

夫婦、老九乃騤（張瞿庵）夫婦、十一乃駠（景裴）夫婦，以及孫子張蔥玉夫婦回鄉掃墓（那時老七張叔馴夫婦帶著兩個孩子在美國，所以沒能參加那次家族集體活動），曾經在這處老宅中住過幾天。據如今還健在的、年已90高齡的張蔥玉夫人顧湄女士回憶說，這處宅院中的那些備弄非常陰森灰暗，不知有多長，好像永遠走不到頭似的。備弄的旁邊不知什麼地方還會突然生出一個小院，或是幾間房間。那些小院和房間之間有的相通，有的不通，走進去，簡直就像是進了一座迷宮，若不是帳房先生和傭人陪同，一個初來乍到的人，無論如何是走不出來的。

大廳的左側，有一個獨立的套院，那是張石銘的書房和小會客室。在辛亥革命之前，這裏是他主要的藏書之所，另有一部分存在適園的六宜閣，辛亥革命時，他把其中最珍貴的版本轉移到了上海。

從二進大廳的備弄往西走，就是木刻雕花最為講究的第三進了，是主人和家眷們住的地方。這個地方是二層樓，格局上呈三間兩廂式樣，天井並不大，底層是落地長窗。但是從上到下，所有的門窗、棟梁、走廊及樓梯，都被雕刻了極其精美的古代戲文故事，好像是《西廂記》裏的劇情。就連屋角簷頭的漏斗，也堪稱磚雕藝術品，把人物的舉止情態刻畫得栩栩如生。

辛亥革命以後因為張家人常住上海，這裏空關的時間多，日子長了，木結構件有些鬆動。但是一旦又有人來住了，房間裏增加了些「人氣」，濕氣增加了，原先鬆動的木結構件就會稍有復原，因而會發出一些聲響。這是過去許多老房子都會出現的現象。但在不明就裏的人看來，就容易說成「豪宅鬧鬼」，講出去都嚇得毛骨悚然。

抗戰勝利後張氏家族那次集體掃墓時，這裏又有人住了，到了晚上，大家都在大廳裏打牌和閒聊，人多了就什麼聲音也聽不見。只有張蔥玉一個人肚子有些不適，先自一個人回房間裏睡下了。可是他不曉得聽見了什麼奇怪的聲音，嚇得他把頭和身體緊緊用被子裹上。等他夫人顧湄進屋，只見他已經嚇出一頭冷汗了。這是一個真實的故事，不知後來別人有沒有聽見那種怪聲。

更有趣的是樓上朝天井的一圈玻璃窗，鑲嵌的是一組無論多少年也不會積灰的法國刻花蘭晶玻璃。現在的導遊小姐總是自豪地告訴遊客，這些玻璃從來也用不著擦洗的，多少年來總是乾乾淨淨的，是一組非常奇特的玻璃。的確，那些玻璃上的圖案是菱形的四時花卉和鮮果，藍白相間，晶瑩剔透，葉瓣舒捲別致，非常討人喜歡。這樣的圖案和色彩安置在臥室裏，的確令人感到無限的溫馨和舒適，再焦躁的心境也會隨之變得恬淡起來。至於為什麼那玻璃總是不積灰，不用清掃，這一點誰也講不清楚。

懿德堂內院的磚雕門樓

張石銘家族

再往西走，就是張家從顧家買下的那些西式院落了，除了芭蕉廳，還以兩棟高大的西洋樓和兩株百年廣玉蘭而著名。所謂芭蕉廳，其實是一處在欄杆、門框和漏窗上都雕刻了優美的芭蕉葉圖案的典雅庭院，那種雕刻手法完全是西洋式的，葉瓣寬大而舒捲，誇張得恰到好處，而且一律採用了碧綠的色彩。現在人們來到這些芭蕉葉前，可以看到那些芭蕉葉上有一個個的小圓洞洞，據說這些小圓洞裏當時都是鑲嵌了透明的玉石的，用以象徵芭蕉葉上的露珠。

這個院子中唯一的陳設是一塊高約一米的「振翅待飛」的石頭，號稱「鷹石」，是一塊天然的活像一隻飛翔中的老鷹的太湖石，是南潯三大名石之一，另外兩塊是嘯石和美女照鏡石。可惜這只「鷹」的頭部和翅膀的一部分不知什麼時候已經「飛」走了，現在只剩下半隻鷹仍蹲在張家的院子裏。嘯石現存嘉業堂藏書樓的園林中，上面有清代乾隆年間雲貴總督阮元的題字。美女照鏡石原存張石銘的適園中，據說解放後還

懿德堂內的蘭晶刻花玻璃

在，現在已不知去向。

最不可思議的是這組院落西部的兩棟西洋樓。那樓簡直就像整個兒地從法國平移過來的似的，從房子的式樣、內部陳設，到裝潢用料、裝潢風格，無不充滿了法蘭西氣息，連地上鋪的地磚也是法國進口的。樓下是一個非常闊氣的舞廳，舞廳內有化妝間、衣帽間、大壁爐、樂池，天花板上有精美的吊燈。走出舞廳來到南邊的小院，則可以看到另外一番風韻——門口有幾根石柱，柱頭上有西式雕花，柱子腳下是半圓形的石階，柱頭頂著一個半圓形的陽臺，上面用鑄銅的雕花圍了一圈欄杆。這棟樓的樓頂上突出的部分，還鑲嵌了一塊圓形的鏡子，在廣玉蘭老枝新葉的摩挲下，映照著遠處的白雲……

懿德堂中的西洋樓之一

這個小院的對面，是一棟安裝著百葉窗戶的西式樓房，門樓上方是用紅磚雕刻的法國圖盧茲式的古典傳統花紋……

難怪來到這裏的遊客總是在感歎，這哪里是太湖邊上的小鎮呀，簡直是在

懿德堂中的西洋樓之二

羅密歐與朱麗葉的花園！

隔壁一進仍是西洋樓，仍有雕著法國圖盧茲式的古典花紋的門樓。有趣的是，這座樓的底層是帳房間，外面是會客室。帳房間的有一面牆上安了一間密室，那是一個金庫，而外表一點也看不出來。為什麼把帳房間安排在舞廳的隔壁呢？難道進賬與跳舞有什麼關係嗎？看來是大有關係的。請洋人來南潯旅遊和跳舞僅僅是手段，而做生意才是真實的目的。大概舞酣耳熱跟酒醉飯飽一樣，都是最容易「敲定」生意的時候吧。

院落的最西部分是一個大花園，園子周圍的長廊上，鑲嵌了很多古代名人的書法作品（石刻），那該是張石銘的最愛。

可惜這樣一處龐大的中西合璧的漂亮住宅，張石銘並沒有住得很久。從辛亥革命時起，他就帶著家小住到上海去了，這裏主要是其母親桂太夫人和一些親戚、帳房及傭人居住。1922年桂太夫人也去世了，這裏絕大多數的房間就都空關著，張家人只有在清明上墳或者有必要時才來此小住。有的房間長年堆滿了各房媳婦的嫁妝，據說那些東西多得簡直可以開個百貨公司[註1]。張家人在上海住的時間久了，以上海十里洋場的眼光看，那些東西不那麼時髦了，所以很少有人回來取用，那就只好長久地堆在房間裏，最後也不知所終。還有一些房間由帳房出租給別人住了。總之，到解放時，這裏已經沒有張家人居住了。

解放後，既然張家沒有人在南潯，地方政府就把這些房子代管了，賬房和傭人也都遣散了。據現在南潯鎮上老一代的鎮幹部和居民說，這處大宅解放後最初是由部隊進駐的，部隊在裏面辦起了軍械修理所。數年後部隊撤離了，但是把裏面的各式紅木家具和其他物件也

一起帶走了，這些家具和物件共裝了幾
十艘駁船，統統被拖走了。可見這「江
南第一宅」不僅是房子精緻好看，她的
「內容」也是非常誘人的。

部隊撤走後，張家南號這座龐大的
懿德堂，以及張家東號的尊德堂都由南
潯鎮房管所接管。空關了一段時間後，
在「文革」後期（1975年）被當時的革
命委員會，賣給了上海茶葉公司，作為
他們的茶葉倉庫。連同鎮上劉家的老房
子在內，總共四處大宅院，才賣了75
萬元人民幣。八十年代下半期，該茶葉
公司把懿德堂租出去，租給了好幾家皮
件工廠，中間還夾雜著十幾家住家，於
是公家私家都在裏面燒火做飯，煙薰火
烤，總之成了大雜院。

1992年，南潯鎮政府看看這樣下
去不行，時間長了，這麼漂亮的晚清建
築就要被毀掉了，決心出鉅資再把房子
買回來。當時的南潯鎮鎮長王永年先生
親自與上海茶葉公司的負責人葉明章先
生談判，前後共談了十幾個回合，終於
以遠遠高出當年賣出價的210萬元「搞

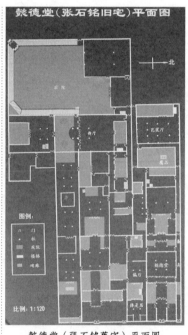

懿德堂（張石銘舊宅）平面圖

張石銘家族
靜江

張石銘的元配夫人徐咸安

敬壽
張世桂太夫人七秩即次
石銘先生原韻並布
教正

過絕似遠來水不流
煥通圓封月主宥酮在編州甲乙五湖閒說麻姑
禮早移銀漢丹桂技宣作酒等震澤瑪波麻却
奔旦亮牽不用於最園園庭是中秋用敉文白榆
月滿茶衣雲滿顏
壽百城書當子孫田君家戴琳鄉室下兜震羅
東山宅聊舒宅詩酒豐間北海莅焦歲鵾承五世
綠波紅蘭雲水遶朝川書晨見神仙笑近接

常熟丁祖蔭和哉甫署

1916年桂太夫人七十大壽，很多朋友前來祝壽，此為著名藏書家丁祖蔭寫的賀詩。

定」。經鎮政府認真與各方協調，最後終於將那些單位和住家遷走，對豪宅進行了大規模的整修和重新配置，使其恢復到目前這個程度。目前僅僅是修復和對外開放了整個院落的底層的大部分建築，二樓還未及修復，一樓也有一部分尚未及修復，但已經令無數人震驚、傾倒了。一位外國朋友在留言簿上寫道：「這是我們在中國江南看到的最好、最大、最美、印象最深刻的民宅。這處大宅本身就是一本大書。」

2001年，張家懿德堂被國務院命名為「南潯張氏舊宅建築群」，並公佈為全國重點文物保護單位。

懿德堂的兩位女主人

在過去一段很長的時間裏，即十九世紀末、二十世紀初的幾十年間，懿德堂主要是由兩位女主人操持，一位是張石銘的母親桂太夫人（即張寶慶的夫人，桂榮、字琴甫的長女，1846－1922），另一位是張石銘的元配夫人徐

咸安女士（1872－1910）。這兩位女士都是女強人，她們在張家有著很高的威信。過去南潯曾有人說，張家東號（即張靜江家）是男人厲害，而南號則是女人厲害。這南號的女人指的就是她們婆媳二人。

這兩位女強人足不出戶，卻掌管著張家數千畝土地，以及千里之外的、如今已經無法確切統計了的房地產、典當鋪和醬鹽店，也許正是這樣的原因，張石銘成了地地道道的福人，他不需要為家中生意而處心積慮，不需要接待那些永遠也接待不完的商人和掮客，只需要定定心心地坐在他的書房裏，用心擺弄他的收藏和藏書好了。但是這樣一來，兩位女強人就格外地辛勞了。

張石銘母親的娘家桂家也是南潯大戶，是鎮上有名的書香門第，在晚清出了十四名秀才，其中有一年（1901年）共有四個桂家兄弟同時考中秀才。[註2]民國以後更是出了很多學有專長的人才。她家的老房子現在還在，就在南潯鎮興福橋的旁邊，現在受到當地政府的保護。桂家老太爺桂榮（1827－1882，字琴甫，屬於桂家南支的第十世，即桂太夫人的父親）是道光二十五年（1845年）的秀才，常年在家裏設館辦私塾（他的兒孫們就在家中讀書），同時也與人合夥兼做些生意。張石銘的祖父張頌賢（竹齋）在1850年開辦第一家醬園張恒泰醬園時，合作者中就有桂琴甫，另外還有一家陸氏。[註3]可知他們這門親家最初的機緣，還是原於經濟上的合作。

桂太夫人的丈夫張寶慶（1844－1887）四十三歲就去世了[註4]，當時張石銘才十六歲，南號的一切事務就由其母桂太夫人掌管。桂太夫人就這麼一個獨養兒子，自然望子成龍，要兒子集中時間和精力專攻舉業，自己把家中全部事物都包攬了下來。而張石銘本人在科舉上也不

負眾望，1894年，他成了張氏家族唯一的一個舉人（舊時科舉考試中有三大等級：秀才、舉人、進士。考秀才在當地進行；考舉人要到省府；考進士則在京城。進士中的第一名稱狀元）。

桂家與張家有過很好的合作，也為張家作出過巨大的犧牲。桂琴甫的大兒子桂子琴（1852－1890，名福城，即張石銘的大舅，是秀才）曾在上海學生意，後來成了張家設在湖州的鹽公堂的經理。1890年他陪同外甥張石銘去湖州應鄉試（即考秀才），考完後，在乘船回家的路上，想不到天氣突變，狂風大作，還下起了冰雹。他們的小船經不起風浪，左右搖擺，頃刻間翻船了。後來張石銘被船夫救起了，而他舅舅桂子琴卻因落水時間太久，不幸去世了，時年39歲。據說當屍體運到南潯時，桂家老太太當場昏了過去……

桂太夫人對此非常震驚，也非常傷心，她關照張石銘，今後對桂家要盡大力關照。張石銘自知舅舅是為自己而死，前去吊唁時，當場拿出八張鹽票

青年時代的張石銘

（當時鹽票可以出租，獲取厚利），並對外婆說：「請您老人家放心，今後桂家的一切由我負責到底。」據說張石銘還為桂家買下了南潯鎮華家橋一帶的房子，並且始終關照著表弟桂書城等人的生活。桂書城在民國後來到上海，成為張家申號（即石路）總帳房的秘書，在抗戰中他一家到處逃難，不管逃到哪里，總能受到張家的關照，因為張家的鹽號、當鋪遍佈浙江全省，桂家隨時可以到這些張家企業裏領錢補貼家用。對於這些來自張家的照應，桂家的後代至今銘記在心。張石銘在後來刊刻《適園叢書》時，其中的《魚計軒詩話》一卷（計發撰）就是根據他的外公桂琴甫的抄本印的。註5

張石銘的祖父張頌賢去世十一年後的1903年，張家在張寶善的主持下析產分家。註6

據張家老人說，東號與南號在分家問題上還有點心照不宣的彆扭，因為東號有七個兒子，而南號只有張石銘一個兒子，同是張頌賢的孫子，個人所得的平均值就相差很多，因此除了鹽公堂作為公產沒有分開之外，東號分得了不少已經成熟了的產業，如土地、當鋪、醬鹽店等，可以拿來馬上就生錢的，是「活錢」；而南號分得的大多是現銀，是「死錢」，需要自己去再創業。

手裏掌握了數百萬現銀，如何去投資？如何去「錢生錢」？拿到現在也是個需要大智慧的問題。那時，桂太夫人和兒媳徐咸安作為大宅門裏的婦道人家，該如何去面對？

可是天下就是有這麼巧的事情，機遇好象非常垂青於她們，她們很快就拿出了辦法。據說那時桂太夫人患牙痛病，常請一位叫徐智芬的牙醫來家裏看牙，時間久了就拉起了家常。徐醫生向她提議，手裏

有閒錢不妨到上海買些地皮放著，現在上海的地皮年年漲價，都是被外國人炒起來的，以後肯定還要漲。桂太夫人跟徐氏夫人一商量，認為很有道理，而且眼看她們的鄰居小蓮莊劉家也在上海買地皮，於是帶了帳房先生去上海。註7

他們在上海福州路、西藏路、雲南路等如今看來絕對是黃金地段的地方，購進了不少地皮，並在上面造屋出租。這些房地產果然不錯，年年漲價，桂太夫人投資房地產的興趣更高了。據說這期間她還請過一位風水先生到上海看風水，那風水先生東走走，西看看，竟然看中了洋涇浜（從外灘到西藏路的一條河）旁邊的一座垃圾山，那是市民倒垃圾的地方，多少年來，又髒又臭，無人看好，但那風水先生一口咬定說好，桂太夫人花不多的錢就買下了。

若干年後（1914年），英租界和法租界當局決定填掉原先作為英法租界界河的洋涇浜，築成愛多亞路（即如今的延安東路），填河及築路都需要大量土方，這回張家的垃圾山就派用場了，工部局就得花錢來買張家的垃圾！所以後來有一句形容張家有錢的俗語：「張家的垃圾也值錢」，指的就是這件事。註8

第二年，愛多亞路築成之後，沿路兩邊的地價飛漲，張家又揀了個大便宜，其中最值錢的一塊地，就是原先垃圾山的所在地，即現在西藏路延安路路口，後來建起了大世界的地方。大世界是黃楚九於1917年租用張家的地皮建造的。大世界的生意越來越紅火，張家每年只管按年收租既是，果真是個旱澇保收的風水寶地。這個垃圾山與大世界的故事在張家代代相傳，足見桂太夫人超乎常人的智慧。註9

張家第二位女主人是張石銘的夫人徐咸安，是位受過良好傳統教

育的大家閨秀。她娘家是距離南潯僅三十裏的桐鄉人，世居青鎮（青鎮和烏鎮原只是一水之隔，合併後都叫烏鎮），祖上也是經營蠶絲致富的富商，在桐鄉和杭州都開有絲行和典當，在當地還有個非常闊綽的花園叫徐園，又稱頤園，園中以八景著稱。徐咸安的大伯父徐煥藻有詩「頤園十二景」，寫盡園中的蕉軒桂窟，春秋四季，可惜在抗戰中被日本人毀掉了。

與一般絲商富戶不同的是，徐家一門有很好的讀書傳統。從徐咸安的祖父一輩起，家中常年雇著一位私塾老先生教孩子們讀書（在徐家設帳四十餘年），老先生姓盧名小鞠，在當地很有名望，徐家兩代讀書人都出自他的門下，共培養出了十個秀才，三個舉人，而且徐家兩代人無論男女都會作詩。註10

徐咸安本人有詩集《韞玉樓遺稿》，他的父親徐煥謨（字綠滄，又號叔雅）有詩集《風月樓詩稿》，他的大伯父徐煥藻（香茗）也有詩集《頤園詩存》行世，他的弟弟徐曉霞（徐鈞）雖

懿德堂中的芭蕉廳

徐咸安的詩集《韞玉樓遺稿》

外國人筆下的南潯張家適園（銅版畫）

未見詩集印行，但也是詩詞好手，在與朋友交往中，動輒十幾首不在話下，如今僅從他悼念他姐夫張石銘的詩作中，即可看出他的文學造詣。

徐咸安的祖上在當地很有名望，被譽為烏鎮首富。「先世善治生，富而好禮，有聲浙西」（繆荃孫〈徐叔雅榮祿暨鄭夫人合傳〉）；「徐氏家業鼎盛，先生不事紛華」（張鈞衡《風月廬詩稿》跋）。業絲發家後，徐家在當地大做善事，創辦了留嬰堂，專為收養窮戶丟棄的嬰兒，經費一家獨任，至1899年已有五十年歷史，可知徐家跟張家一樣，也是得助於上海開埠的富商。

徐咸安的父輩三兄弟，皆從盧小鞠先生學，其父行三，為佼佼者。他一生苦心吟讀，不舍晝夜。繆荃孫講他：「所居素有竹石池亭之勝，蒔花草以悅心目，蓄禽魚以養天倪，而且設色寫生，朗吟成稿。志節瓊然，超越流輩。愛藏書，插架數萬卷，多善本，坐書城中，日事校讎不他顧。家庭雍睦，鄉黨協和，常割鉅資助成善舉。坐言起行，

無不足為後人矜式……」可見，是個以科舉功名為生命的讀書種子。可惜他於科舉實在太用心了，太在意了。兩次秋試未能成功，就落落寡歡，悒鬱在心，後來竟然一病不起，年僅29歲就拋下妻兒故去了。遺下一子四女，一子即徐咸安的弟弟徐鈞（徐曉霞，詩人，曾在上海經營錢莊），徐咸安是二女兒。

　　徐咸安生活在這樣一個富足、單親而有修養的家庭，其秉性必然是聰慧、柔韌而多情善感的。她的詩寫得意境極美，用字優雅沉靜，節奏起落有致，尤其寫景，句句大家風範。如〈適園避暑作〉：

　　　　不耐炎炎暑，還依漠漠陰。
　　　　涼風荷渚近，清響竹林深。
　　　　蚓笛參差奏，魚鱗隱約沉。
　　　　靜觀原自得，坐久豁幽襟。

又如〈題漁村圖〉：

　　　　白石溪邊漲碧痕，漁家三兩自成村。
　　　　秋風寂寥紅侵岸，春雨垂楊綠到門。
　　　　雙槳斜陽歸野渡，一溪明月對清樽。
　　　　醉來不脫蓑衣臥，猶有煙波古趣存。

又如〈溪邊晚步〉：

溪光澹宕碧於油，兩岸垂楊隱小舟。

忽聽一聲漁唱晚，多情明月又當頭。

又如〈白露降〉：

玉宇澄如水，秋高夜氣清。

侵簾涼有影，著地潤無聲。

殘柳和煙淡，新梧映月明。

哪知驚鶴夢，寥碧唳三更。

不知如今的詩家，還有辦法移動其中的隻字片語否。怕是只要略懂詩歌欣賞的人，都會被她那冰清玉潔的矜持所感動。外豔而內秀，濃密而疏朗，大風與大雅，原是一轍。張石銘得遇如此佳偶，夫唱婦隨，朝夕相對，當是他最大的福氣。

俗話說：「大有大的難處。」徐氏夫人的身體一直欠佳，她的詩中有幾處就流露了愁病相侵，種種無奈的心情，可知操持這樣一個大家庭是非常不容易的。如〈春日病起〉：

病起春寒弱不禁，韶光轉眼綠成陰。

花經細雨添新蕊，鳥逐東風送好音。

繞榻慵尋新舊卷，憑欄勉作短長吟。

也知歲月成閒過，亟向梅窗證素心。

又有〈秋柳〉：

瘦影婆娑拂水涯，畫樓無復綠陰遮。
一聲短笛催殘照，幾樹疏煙集暮鴉。
眉黛已非春日好，腰肢不耐晚風斜。
池塘轉眼成蕭瑟，回首楊枝歎落花。

絮泊萍飄已可憐，不堪流水送年年。
千條灞岸銷魂地，三疊陽關送別篇。
繞樹欲棲驚宿鳥，抱枝無語咽寒蟬。
多情張緒秋無賴，獨倚危欄思悄然。

還有〈病中口占〉：

行年未四十，頹然如白頭。
本是蒲柳質，零落故先秋。
精神日以憊，善病又工愁。
愁既不可解，病又何能瘳。
飛龍落藥店，骨出復誰尤。
會當隨化盡，寂寞歸山邱。
山邱亦不惡，長夜殊悠悠。
不如人間世，擾攘多煩憂。
人生本夢耳，曾不異蜉蝣。

勿惡殤子短，勿羨彭祖修。

百年一旦暮，萬事一浮漚。

念此已至熟，脫然無繫留。

委心而任運，乃與造化遊。註11

世人常說「文如其人」。後人從《韞玉樓遺稿》的序跋中，進一步找到了她的性情的注釋（這部詩稿由繆荃孫作序，徐曉霞、張石銘、張芹伯作跋）。她幼年失怙，全靠母親撫養長大，母女相依為命。其母並不因為是女孩就放鬆教育，相反也令其從盧小鞠先生讀書，因而於文史詩畫都不生疏，尤其詩作寫得情真意切，字字穩妥。

她十七歲嫁到張家，開始了她的正課：「先室徐夫人外舅桐鄉樂滄公第二女也，生有夙慧，長益開敏，髫齡失怙，為外姑鄭太夫人所鍾愛。女紅而外，略涉文史。年十七來歸，事姑惟謹，襄理家政多所裨益。性儉而勤，食無珍饈，衣經數澣，雖甚敝不易。每日黎明即起，督率家人操作，甚嚴，無疾言遽色，眾咸斂服。好施與而不佞佛，曾捐資獨建一橋，行人歡頌，以夫人名名之……」（張石銘《韞玉樓遺稿》跋）。可知是個非常精明能幹，明事達理的女主人。

只是由於她樣樣投入太深，家中事無巨細，莫不操心，又很敏感，久之必然影響了健康。她又是一個「至性之人」，視親情為至要。她嫁到張家二十一年，生了七個孩子，不知為什麼，三個男孩子都活了下來，而四個女孩子只有一個健康地長大（老六張智哉），其他幾個都夭折了。失女之痛就時時折磨著她。

1909年夏天，徐咸安的母親來南潯小住。可能天熱水邊屋子濕氣

較重，老人有些不很習慣，不幸患病。年紀大了小病也會釀成大病，誰知竟一病不起，在女兒家去世了。這下更給了徐咸安致命的精神打擊。她「一慟幾絕，積哀成痗，竟以不起」（張石銘語）。去世那年年僅三十八歲。

這兩位女主人都為張家立下了汗馬功勞，可是都未能獲得夫妻白頭到老之樂——桂太夫人在其丈夫去世後又活了35年，而徐氏夫人卻早於丈夫18年去世。

歷經滄桑依然挺立的適園金剛塔

現在南潯鎮上有兩條以張家的人名和地名命名的馬路，一條是以張寶善的名字命名的寶善街；還有一條適園路，是以張石銘建造的一處園林「適園」命名的。

適園在懿德堂西部原叫補船村的地方，占地三十餘畝，除了亭臺樓閣，小橋流水和偌大的荷花池外，還有層層疊疊的大假山、小假山，是南潯鎮上假山最多的一處園子。當然園裏還有一個真

適園（今為兒童公園）中的金剛塔如今依然聳立。

正的小山丘，爬上去可以登高遠眺，天晴的時候還能看到遠處的太湖。園中還有兩顆巨大的廣玉蘭樹，據說是鎮上年代最古老的樹。適園總體面積比劉家的小蓮莊還要大，小蓮莊占地27畝，適園占地30畝。

這個園子為什麼叫適園？鄭孝胥在〈適園記〉裏講得明白：「張子取『季鷹適志』之語，曰適園。」

這個園子中的建築很特殊，有個四面廳，是個四面都可以推窗遠眺的紅樓。另外還有稱為六宜閣的房子，也是張石銘的藏書處，大概還是可以居住的地方。到這裏來的老人最熱衷討論的，是園中那個著名的、鑲嵌了數十方歷代名賢石刻的碑廊，那都是些被載入鎮志，並且多次招來名賢吟詠的對象。

關於張石銘對石刻的興趣，可以追蹤到很遠。他在跟繆荃孫先生交往中，其中一項內容就是「買石頭」。鄭逸梅先生的《名人手札百通》中收入了一封繆荃孫致周慶雲（夢坡）的信，內容是為消寒集不能趕赴而請假，同時講到「買石頭」。有云：「夢坡仁兄大人閣下：弟又不適，消寒第九集遂不能到。二日間照例生病，可厭之至。詩尚欠分，均一首未交。初三何題？乞示知。端忠敏（即大收藏家端方）藏石八百餘種，授經（董大理）經手核實八十元，兄與石銘兩分，望先交款，四日收碑，決不有誤。只十分，上海得其半也……」端忠敏就是清末兩江總督端方，也是個有名的嗜古的晚清大官，知繆荃孫賢能，曾聘其為之鑒定書畫。辛亥革命後，端方被革命軍殺害，這家豪門裏的東西都散了出來。繆荃孫看中了端方的石刻，於是與張石銘合夥，僅花八十元錢就能買到八百餘種（估計買的是碑刻拓片，碑刻原石恐沒有那麼便宜）。周夢坡可能是幫忙成其事的好心人。

　　適園早年是張石銘讀書、消夏、與詩友詩酒往還、談古論學的地方，到了夏天也是張家南號老小避暑的地方。張石銘去世之後，適園仍有專人管理，每年夏天往上海的大宅院裏送菱角、鮮藕和蓮蓬，有時張家後代也去那裏避暑。

　　這個園子分內園和外園。外園是對鎮上公眾開放的，每年春秋兩季，鮮花和果實枝頭累累的時候，總有不少遊客樂在其中。內園則只供張家自家人居住和遊覽，因此常年是大門緊閉的。有些遊客遊覽了外園之後意猶未盡，對內園的關閉很不以為然。有本介紹本地名勝的小書《吳興導遊》一書，在介紹到適園的時候竟説：「適園在南柵補船村，光緒中張石銘（鈞衡）所築，即明董説之豐草庵、黃葉台故址。園中壘石為邱，浚水為池，亭榭花木，結構頗佳。外園石山之堆砌尤其玲瓏精致，回廊壁間，砌有歷代名賢手迹碑石甚多。內園有四面廳，廳前奇石數方，頗具古雅。又有玉蘭花樹二株，為鎮之最巨者。再進有土山一，結構自然，無雕鑿痕，梅棠篁桂，雜植其間，登眺四方，洞庭七十二峰，隱約可見。惟內園常鎖，未免大殺風景也！」[註12]可見此園對遊客還是很有吸引力的。

　　園中最具人文意義的，也就是到目前仍舊還存在的，是一柱金剛塔，又叫長生塔。那是張石銘為其母親桂太夫人祝壽而建造的，始建於1910年，上面雕刻了唐代著名書法大師柳公權書寫的《金剛經》。那時位於西陲的敦煌石室剛被打開沒多少年，石室內的柳公權手書《金剛經》原本也剛剛流傳到江南，張石銘就已經獲得了這份珍貴的柳書，並將之摩刻上石，共二十四塊，嵌在塔的四周，以後又逐年請了二十餘位社會著名人士題辭勒刻其上。這些題辭記載了建塔人的初

衷,柳書《金剛經》的價值,桂太夫人的善行,以及眾多為桂太夫人祝壽的詩詞等,共有四十八石。題辭人是:馮煦、張謇、康有為、陳夔龍、鄭孝胥、羅振玉、繆荃孫、吳昌碩、清道人(李瑞清)、程德全、朱祖謀、曾熙、秦綬章、周慶雲、潘飛聲、崔永安、何維樸、左孝同、惲毓嘉、孟樂甫等。^{註13}

這些人都是當時不得了的大學問家、大書法家,有的還是曾經「學而優則仕」的晚清大官,在社會上很有影響。

比如馮煦,是晚清安徽巡撫,曾主編《江南通志》,另輯有《宋六十一家詞》;張謇是晚清甲午科狀元,又是著名的實業家;康有為是當年「公車上書」的領導者,主張變法維新的著名思想家、改革家;陳夔龍是兩廣總督,是唯一的活到抗戰勝利的晚清大官;鄭孝胥、羅振玉、繆荃孫、朱祖謀都是清末民初第一流的學者,於青銅、甲骨、碑刻、藏書、訓詁均有諸多學術貢獻的一代學人;吳昌碩是近代著名畫家、篆刻家、書法家,杭州西泠印社的創辦人;清道人(即李瑞清)是著名畫家,還是張大千的老師;曾熙是著名書法家,也是張大千的老師;程德全原是清末官員,曾任奉天巡撫、江蘇巡撫,辛亥革命後任江蘇都督;周慶雲是張家的親戚,張家東號張寶善的第七子張鏡芙娶的就是周慶雲的妹妹,他是江南數得著的實業家,曾跟張頌賢學做鹽業生意,學問也極好,著有多種著作⋯⋯只要看看這個名單,就可知張石銘當年交遊的廣闊,亦可知這座金剛塔在當時的地位了。如今看來,實為一處難得的人文景觀。

可惜適園在抗戰中遭到日本人的轟炸,園毀多年,目前只剩那金剛塔孑然挺立,似有上蒼護佑。解放後經南潯鎮政府加以修整,在適

園故址上拓建了兒童公園，種了不少花樹，只是原先的真山、假山都不見了，面積也遠遠不能與當年相比。那汪尚有數莖荷花的荷花池倒還在，周邊散置了一些小塊的太湖石，大概只能算是當年池子的一角吧。

現在若要看張石銘的筆跡，在南潯已經看不到了，倒是杭州的西泠印社裏還保留著他的四處石刻和匾額，如「閒泉」、「閒泉記」（全文）、「涼亭」，以及一副石刻對聯。據《西泠印社編年大事記》記載，張石銘對西泠印社曾有過好幾次重要捐獻，山腰上的涼亭就是他老人家捐建的，寶塔下的閒泉也是他老人家發現並出資開鑿成的。現在都成了遊人流連忘返的勝跡。

大樹底下挖出一個大鐵箱

張家是個慣於出奇聞的地方，懿德堂自然也不例外。

若干年後的「文革」後期的一天，張家的一個親戚邢亞平（南潯「八牛」之首的邢家後人，解放前曾當過蔣介石的警衛連長，解放後吃過官司，改革開放後成為統戰對象）慌慌張張地從南潯跑到上海，找到張石銘的大孫女張穎初（張芹伯的大女兒），說是你們懿德堂的老房子不得了了，有人從一棵大樹底下挖出寶來了，是個大鐵箱子，裏面全是金銀財寶，還有金子打製的小梅花鹿和仙鶴……叫她趕快前去跟茶葉倉庫交涉。

張穎初聽了並沒有感到震驚，因為過去她曾聽母親郭後全說過，桂太夫人關照過，如果沒有錢用了，可以到老宅的樹底下去挖。那個

大鐵箱是桂太夫人埋下去的，估計可能是過生日時各方送的壽禮，所以有金子打製的小梅花鹿和仙鶴。至於為什麼張家人始終沒有去挖，現在誰也講不清楚，也許桂太夫人沒有跟其他人講起此事，也許講是講過，但沒講具體是在哪一棵樹下面，人們就沒有太當真，也許桂太夫人很喜歡這個大房的孫媳婦，僅對她一人講起，而這個孫媳婦郭後全一去世，張穎初等就更沒有興趣當真了。

所以張穎初聽後只是「嗯」了一聲，沒有去南潯。她想，現在這個天下大亂的年頭，這些寶貝即使拿來又有什麼用呢？自己家裏的東西不知被造反派抄走多少，自己的金銀首飾都得趁天黑往垃圾箱裏扔，那個箱子即便能要回來，還不是要被造反派拿去的嗎？聽之任之算了。註14

至於茶葉倉庫為什麼要在院子裏挖土，據分析，那時各地都在回應中央的號召「深挖洞，廣積糧」，「備戰、備荒、為人民」，大挖防空洞。大概他們是在院子裏挖防空洞吧！至於那個大鐵箱後來的下落，現在誰也講不清了。

【註釋】

註1：《聽媽媽講那過去的事情》（手稿本），張貽文，2005年

註2：《七十之憶》（鉛印本），桂世杭，2001年

註3：《南潯鎮志》（油印本，第二冊），朱從亮，1984年

註4：〈張封公家傳〉，繆荃孫，選自《藝風老人全集》，北京大學出版社

註5：《七十之憶》（鉛印本），桂世杭，2001年

註6：〈張鈞衡（石銘）哀啟〉，張乃熊等，1928年

註7：同上

註8：宋路霞採訪筆記：2005年10月16日訪問張石銘的孫子張澤璕於蘇州

註9：宋路霞採訪筆記：2005年10月16日訪問張石銘的孫子張澤璕於蘇州；
2006年2月3日訪問張石銘的孫女張穎初於上海五原路

註10：《風月廬詩稿》，徐煥謨（綠滄）著，勞乃萱序 1913年

註11：《韻玉樓遺稿》，徐咸安著，張氏適園刊本，1915年

註12：《吳興導遊》，湖社編印，1932年

註13：《南潯鎮新志》（油印本），朱從亮，1990年

註14：宋路霞採訪筆記：2006年2月3日訪問張石銘的孫女張穎初於上海五原
路

尊德堂的海派氣息

陳立夫題寫「張靜江故居」

出了張石銘故居沿南潯南西街繼續北行，走到東大街過橋折向東，在鄰近著名的明清古建築群「百間樓」的河邊，再向東不過數十米，即可見張家的又一處豪宅，即張家東號的老宅（其實也是張家在南潯的祖宅）——尊德堂。

這個地方是張家留在南潯的第二處遺址（第三處遺址是張家祠堂，三進院落，在南潯鎮東部一條河邊；還有張家諸位老人的墳地），現在作為張靜江故居陳列館對外開放，展出了大量張靜江從事國民革命和家庭生活的珍貴照片。人們基本上可以從這些照片和資料上，看到一個江南富家子弟，如何走向海外、走向國民革命的生活軌跡。同時也可以看到，中國舊民主主義革命的種子，如何在中國江南這塊最富庶的地區生發、開花、結果的。

尊德堂的大門簡樸無華，沒有任何修飾，只在門額上刻有民國老人陳立夫的幾個

張靜江與妻兒在尊德堂的東園（綠繞山莊）留影。

大字——「張靜江故居」。黑色的大字鑲嵌在花崗岩的條石上，很醒目，但是題辭的下面卻沒有落款，一般前來參觀的遊客並不知道這是陳立夫的親筆。這裏有一個有趣的掌故，很值得玩味。

20世紀90年代，江南水鄉還處在思想解放的洪流開始湧動的時候。當時的南潯鎮政府，為了振興古鎮的旅遊業，進一步吸引海外和港臺遊客，打破常規，發掘本地的人文歷史資源，決定開發張靜江故居，對外開放。為了鄭重其事，他們通過張家的親戚，轉請寓居臺灣的陳立夫先生題寫了故居的門額。陳立夫老人原本思鄉心切，人到晚年就更加關注家鄉的消息，聽說鎮政府請他為張靜江故居題字，非常高興，很快就寫好寄來了。可是到了真正要到派用場的時候，陳立夫的題字下面卻沒有了他的署名。

原來，當時「左」的餘毒還遠遠沒有肅清，凡是涉及民國的事情不少人還是挑鼻子挑眼，要跟你分分路線是非。這時就有「左派」出來說，陳立夫是國

民黨的大官，為什麼要用他的題字？為
什麼不用共產黨的題字？

是呀，為什麼要用陳立夫的題字，
而不用別人的題字呢？

鎮政府有人解釋說，陳立夫是張靜
江的好朋友，又是湖州人，是湖州籍的
民國老人中唯一一位活到現在的人，用
他的題字有紀念意義，當然還有統戰意
義，可以在海外引起反響。

張靜江故居（尊德堂）大門

但是「左派」們不肯罷休，說是
不行，這樣就長了國民黨的志氣，為什
麼不用共產黨的題字呢？張靜江故居的
恢復本身已經在海外有影響了嘛！可是
算來算去，哪個共產黨跟張靜江有過交
往，願意為他的故居題字呢？實在是不
得而知，而陳立夫的題字已經寄來了，
總不能不用吧？不用對人家就沒有個
交待。

好在當時的鎮委書記朱倍得先生
是個處理問題、化解矛盾的好手，他三
下五除二，巧妙地作了「技術處理」，
於是作出決定：門額上還是用陳立夫的
原字，但是不用他的署名，這樣即對陳

尊德堂大堂高懸狀元實業家張謇題寫
的匾額

有了交待，也免得「左派」們抓住話把兒多事。明眼人看得明白就看明白，看不明白就拉倒。還斷然下令：「眼下故居開放迫在眉睫，不要再爭了……」這就是張靜江故居門額上有題字而沒有落款的原委，恐怕陳老先生還不知道這個「典故」呢。[註1]

其實當時大家不知道，陳立夫早在1974年就與北京中共高層發生了聯繫，在為國共兩黨的第三次合作而積極奔走了。他當時的政治主張已經從早年的「用三民主義統一中國」，轉變為「用中國的傳統文化統一中國」了。他們的具體做法是，邀請毛澤東訪問臺灣，再次與蔣介石談判，共商合作大事，力爭促成國共第三次合作。這當然也代表了蔣介石的意思。為此陳立夫還在香港《大公報》上發表文章，題目是〈假如我是毛澤東〉，力促毛澤東前來。此事非同小可，事關全局，必須得到雙方朝野和國際輿論的支持。可是正當此事在積極籌措的時候，蔣介石卻在1975年去世了，事情只能半途而廢。

此事直到最近才在報刊上曝光（2007年1月2日《作家文摘》）。據當時在毛澤東身邊工作的人員撰文說，當時毛澤東正在杭州療養，報紙上刊出蔣介石去世的消息後，工作人員高興地去向毛彙報，可是毛的反映並不高興，只說了「知道了」三個字。可知毛澤東對陳立夫的建議還是頗有考慮的。

現在回過頭來看，不就是幾個題字嗎？可是在當時也能說成是大事，因為「左派」是慣於上綱上線的，動不動就是立場問題，黨性問題，具體辦事人弄不好就要吃不了、兜著走。由此可知，這個陳列館的開放包括題辭在內，都是來之不易的。

實際上張靜江與陳立夫的確有著非同一般的交情。他們不僅是同鄉、同黨、同事，還有一層哥兒們圈內的叔侄關係。陳立夫、陳果夫兄弟的親叔叔是著名革命黨人陳其美（英士），而陳其美與張靜江是把兄弟，割頭朋友，又都是民國元老，在同盟會中同屬核心成員。從「江湖」的意義來說，陳立夫兄弟既然是陳其美的侄子，那也就是張靜江的侄子了。張靜江與陳立夫的大哥陳果夫的關係也很深，他們二十年代初曾在上海金融界大肆活動，共同在證券交易所裏呼風喚雨。《金陵春夢》中記載的那個很有故事的「恒泰記」經紀號，他們都是其中的合夥人，其他的合夥人還有蔣介石和戴季陶等。註2

不僅如此，張靜江的父親張寶善早年也跟陳果夫打過照面，還為他改過名字，這是張靜江的侄子、他四弟張墨耕的兒子張乃鳳先生，親眼看到的事。張乃鳳先生說，他十五六歲的時候，那時還住在南潯老家，有一次陳果夫、陳立夫兄弟來家裏找他二伯父張靜江，當時陳果夫才二十來歲，正巧老太爺張寶善也在家。見到陳氏兄弟後，張寶

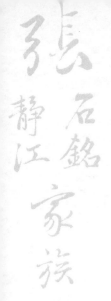

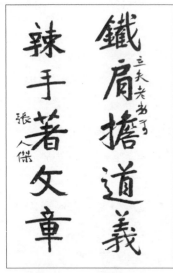

張靜江為陳立夫題寫的對聯

善就問陳果夫叫什麼名字，陳果夫說：「我叫陳戈夫。」張寶善聽了一笑，說道：「你這名字是在討人家便宜了，『戈』與『姑』不是同音嗎？這樣不好。我給你改個名字吧，用『果』字，果敢的『果』，這個意思好，對你們年青人有用。」從此原先的陳戈夫果然改名為陳果夫了。註3

張靜江曾有一副對聯寫給陳立夫：「鐵肩擔道義，辣手著文章」，可見他對陳立夫原先是很賞識的。這副對聯的原件現存南京國家第二檔案館，掛在張靜江故居裏的是複製件。

當然，他們之間後來也有一些矛盾。張乃鳳先生還講到他親眼看到過的另一個場景。那是北伐勝利之後，張靜江在南京國民政府中出任建設委員會委員長的時候，住在南京建設委員會的招待所裏，適逢張乃鳳從美國剛留學回國，在金陵大學教授土壤學，最初一段時間是跟他二伯父住在一起的。張靜江那時家安在上海，在南京沒有自己的寓所，湯山的房子是後來建設委員會用他

的名義蓋的，張靜江去南京時往往只帶一個傭人。那個招待所跟現在的政府招待所不能相比，是一棟小小的樓房，只有一間二十多平方米的客廳和五間可以住人的臥室，沒有洗臉間和浴室，客廳同時也是餐廳。

尊德堂的磚雕門樓

有一天晚飯後，張乃鳳來到他二伯父處，發現屋子裏氣氛很沈悶。只見一位老人張溥泉（即張繼，國民黨元老）兩隻手背在身後，一邊皺著眉頭低著頭，一邊圍著飯桌來回度步，嘴裏憤憤地說：「要亡黨了！要亡黨了！」過了一些時間，張溥泉先生回自己房間休息了，張乃鳳就問他二伯：「為什麼說要亡黨了呢？」張靜江歎了一口氣說：「咳，國民黨搶官，搶房子，還要搶人家的老婆！」張乃鳳問：「那麼，為什麼不制裁他們呢？」張靜江說：「都是陳果夫、陳立夫他們包庇的！」說這話時，他把「陳」字說得特別重，可知他內心跟張溥泉一樣，是非常氣憤的。

可是一旦陳立夫到招待所來看他，並且滿臉春風地操著一口湖州口音，跟

張乃鳳一樣叫張靜江「義伯伯」（湖州方言稱把「二」讀為「義」，張靜江行二，所以姪子們稱其「義伯伯」）的時候，張靜江火氣又沒有了，並不當面教訓他「要亡黨了」的事情。他知道陳立夫是來取悅他，對之並不親熱，但是也沒有當面發火，可知他們已經有些面和心不和了。註4

瞭解了這些背景，就會明白當時南潯鎮政府的苦心了。陳立夫的確是有資格在張家的門額上題字的。這處高牆深院也跟張石銘故居一樣，解放初由地方政府管理，辦過工廠，「文革」後期成了上海茶葉公司的倉庫，改革開放後，南潯鎮政府花巨資再買回來，重新整修配備後對遊客開放。現在被列為浙江省重點文物保護單位。

又一處中西合璧的大宅院

初進尊德堂，感覺好象跟一般的江南豪宅沒有什麼很大的差別——幽深陰暗的正廳裏高敞肅穆，紅木桌椅被抹得錚亮，牆上掛著嵌有天然大理石圖案的紅木掛屏，堂上正中高懸著甲午狀元張謇題寫的匾額「尊德堂」，下面是一副中堂和對聯，兩側有大紅燈籠高高掛。正廳的後面是第二進，那是一處二層的住宅樓，三開間，中間底層是會客廳，兩邊有廂房；再後面是第三進，也是三開間的住宅樓，底層的中間也是客堂間。

與眾不同的是，尊德堂正廳上掛的是一副孫中山先生為張靜江書寫的對聯：「滿堂花醉三千客，一劍霜寒四十州」。聊聊數字，概括了張家的氣勢、地位和影響，也道出了張靜江俠客般的個性和對於國民革命不可替代的貢獻——一個家族與一段歷史，就在這豪門庭院中

靜靜地融合。

　　然而人們現在看到的尊德堂遠不是當年的尊德堂，目前的尊德堂大概只是當年的十分之一。當年這處大宅院，共有四個部分：老宅院、新宅院、後院和花園（亦稱東園或張園，又稱綠繞山莊）。現在人們看到的只是當初老宅院的主體部分，而絕大部分的面積在歷史的煙雲中已經化為烏有，有的僅僅留下了遺跡。

　　張靜江的侄子張乃鳳先生在2004年撰寫的《讀「絲」隨筆》一書中，有〈六十年後看尊德堂老宅平面圖〉一文，那年他老人家整整一百歲了，還清楚地記得許多當年的事情，既寫了文，又繪了圖，詳敘了張家老宅的整個佈局和各房的居住情況，令人眼界大開。

張乃燕手錄的尊德堂譜系

　　原先在老宅院東側還有一處新宅院，那是一處比老宅院更大的三進大宅。老宅院只是在二進和三進有兩層樓，而新宅院則是三樓三底兩廂房的三進大院，實用面積遠遠超過老宅院，而且老太爺張寶善後來就住在新宅院。那

張石銘家莊

張靜江

張寶善晚年與他的四兒張墨耕
（右）、孫子張乃鳳（左）。

青年時代的張靜江

是張家於辛亥革命之後，人口鼎盛之時，買下了東側鄰居家的舊房和空地建造的。張寶善住最南邊的一進，中間一進給他的六兒張久香一家住，第三進住的是他最小的兒子張鏡芙。張寶善搬到新宅院後，原先的老宅院就由他的大兒張弁群、三兒張澹如、四兒張墨耕、五兒張讓之四家居住。

只有老二張靜江非常特殊，他既不住老宅院，也不住新宅院，而是住在老宅院後院裏的一棟洋房裏。這棟洋房與中國傳統的老式住宅完全兩樣，是建築在高出地面足有一米高的地基上的二層樓房，樓前還有一條帶頂棚的走廊緩緩伸出，前可通花圃、菜圃、老宅院，後可通花園、樹林、荷花池。公平地說來，這是整個張家大宅院中最好的方位，好像建築在河邊的花樹之中。張靜江一家在他1902年去法國之前就住在這兒了，不知是老太爺對這個二公子特別寵愛呢，還是老二的性格原本就不大合群？

這處大宅院的縱深還有許多頗具「洋味兒」的地方，如在張靜江住的洋

樓的東部，有一片用灌木叢圍起來的大草地，那些灌木高約一米，寬不到一米，被修剪成平頂，四角留出空隙，方便進出，就像現在西式花園裏的幾何形植物圖案一樣。這片草地又可當作網球場，中間可以立柱、拉網。青年時期的張乃鳳，就是在這裏跟他的父親張墨耕學會了打網球。據他回憶，張靜江的四小姐張荔英來南潯時（也許就是護送她母親姚蕙的靈柩回鄉那次），也曾跟他在此打過網球。打球的方法和規則和現在的網球比賽一樣，只是那時還沒有用雙手握球拍的說法。

這片草地的東部和北部是一片偌大的荷花池，荷花池上有九曲橋。橋上縮著一座六角亭。那亭子伸出的九曲橋，一邊連著「張家大陸」，另一頭連著「龐家大陸」，因為荷花池東部的領土就是張寶善的夫人龐太夫人娘家的宜園了。

在荷花池的南部岸邊，還綴著一方透明的水閣，實際上就是一個有一半面積騰空在水面上的方形涼亭。這個水閣似乎是張家的藝術之宮。20世紀初，老太爺張寶善常來水閣聽留聲機，那時的留聲機是手搖式的，有很大的喇叭和很大的唱片，這在江南水鄉絕對是新鮮洋玩意兒。張靜江來南潯住的時候，則喜歡在水閣裏寫字畫畫，那時張乃鳳只有十幾歲，常在旁邊看他畫畫和寫字，張靜江就時常派派他用場，如差他到街上買宣紙、白綾或是上礬等等。註5

至於老宅院裏的生活，也充滿了中西合璧的綜合氣息，既有佛堂、藏書室、麻將桌，也有電話、水塔、檯球桌。他們的電話是自成系統的，全宅院所有的廳堂和房間都早就通了電話，所以無論是老宅、新宅還是洋樓，相隔雖遠，呼應起來卻很方便。水塔也是自家的水塔，供全尊德堂內所有的水龍頭用水。檯球桌則設在後院的一座房

間裏，與牌桌共存一室，一中一西，各取所需，倒也公平。

關於那個佛堂，張乃鳳有一段略帶神秘色彩的描述，他說：「那佛堂，是專供我祖母龐太夫人拜佛念經用的。1920年時我祖母已經去世，這裏已無佛像，僅剩有一間空廳。這空廳東邊的廂房我父親曾用作書房。我之所以對這間空廳有挺深的印象，是因為裏面保留了我祖母的腳印。那是距離北牆三四米處的兩個下陷約有二三公分的腳印，據說是龐太夫人常年拜佛誦經所踩出來的腳印，腳尖和腳跟形狀都很真實，是一雙纏足的小腳。我每次經過都不敢接近……」

關於張家人信佛，張乃鳳在文中還提到杭州的昭慶寺，他生下來三個月他母親就抱他去昭慶寺，住在一個大殿裏。那個大殿是他祖母龐太夫人（張寶善的元配夫人）捐建的。現在從張家的女婿、著名人士趙曾玨（張家東號大房張乃怡的丈夫）撰寫的紀念張靜江百年誕辰的文章中又可獲知，篤信佛教在張家素有傳統，杭州棲霞山麓的昭慶寺原本就是張家老太爺張頌賢捐建的，他在家裏戒殺生，「富而能仁，周恤貧困，樂善好施」，因此那昭慶寺中有一個放生池就順理成章了。註6

……

一百多年後的今天，尊德堂只剩下老宅院了。新宅院和後院以及張靜江一家住過的洋樓，全都在1938年日本鬼子侵入南潯時，一把火燒掉了。荷花池也漸漸荒廢了，現在成了一片沼澤地。張乃鳳在20世紀60年代初，利用出差的機會曾回家鄉看過。老宅成了工廠和倉庫，自然是進不去了，只能繞到荷花池最北部的石拱橋上往南眺望。那時看到九曲橋和湖心亭還在，只是破敗不堪，橋上鋪的石板有的已經脫

落，掉入池內。從60年代初至今一晃又是五十年過去了，橋也不存在了，只剩一人多高的蘆葦。

那麼，既然老宅院與新宅院僅一牆之隔，當年為什麼卻沒被日本人燒掉呢？推算起來，大概要歸功於那高出屋頂一二丈高的封火牆了吧。高高的封火牆把張家老宅院緊包密裹，就為後人留下了一座如今的張靜江故居。

數百隻青鷺年年落腳的綠繞山莊

也許是因為張乃鳳先生是學農科的，他筆下的張家花園裏的植物，都充滿了濃情蜜意。

講到溫室和花圃裏的花，他不厭其詳地寫到：「凡是怕凍的盆栽花卉冬天都放在室內，每年冬天總是放得滿滿的。溫室外還有蔭棚，上覆蘆簾，專為那些怕曬的植物而設……蔭棚的東側有一個小廣場，放置著各種花卉盆景，如梅花、白蘭花、茉莉花、代代花等等。花房之外，還有『種花場』兩塊，主要是種菊花的……我們的菊花品種有五六十……」

僅僅看這如此規模的花房花圃，已知東園的令人忘返了。何況還有偌大的樹林和荷花池。這個花園中最為令人惋惜的，大概要數洋房北部的那片樹林了。

那是一片由幾十株大樹和數百根竹子的竹林、還有一片桑園組成的綠色屏障，橫亙在老宅院與荷花池中間，非常壯觀。那些大樹中有銀杏樹，最大的一棵又高又大，年年掛果一二百斤。其他還有梧桐

樹、杏樹和枇杷樹。大杏樹果大味甜，但結果不多。小杏樹結果很多，但是味道極酸。那些枇杷樹，果不能食，葉能入藥。又有梅子樹，果小味酸，都非佳種。除了果樹，值得誇耀的還有十幾棵大樹，尤其是西部的幾株，長得非常茂盛，每年夏秋兩季，有大量的、至少有二三百隻青章鳥前來築巢孵小鳥。青章鳥是一種青鷺，體形不大，頭頂長有黑色長羽毛，背上有細長的蘭黑色羽毛覆蓋。這種羽毛，當時西方國家的婦女是拿來作帽飾的，在陽光的照射下，閃閃發光，因此很名貴。

這些青鷺很會找地方，它們在張家的荷花池裏捕捉小魚，然後在張家的大樹上築巢，特別在小鳥出生後，大鳥就不斷地捉魚喂小鳥。大鳥小鳥吃得多也就拉的多，鳥糞就像天女散花般地不斷落在樹下，遍地皆是，腥臭難聞。但也有好處，就是為大樹提供了很好的肥料，所以大樹年年茁壯成長，青鷺也就越來越多，形成了良性迴圈的自然生態環境。

可是現在來南潯的遊客已經看不到這些景觀了，大樹早被砍掉了，上面蓋起了房屋，荷花池成了沼澤地，鳥糞也不見了，說明青鷺多年不來了。

張寶善世界性的眼光和治家方略

尊德堂的主人張寶善與一般鄉間財主不同，他在與上海的洋行買辦交往的過程中，漸漸具備了「海派」的眼光，能夠審時度勢，文武兼備、亦中亦西地育兒治家，這在當時也是開風氣之先的。

尊德堂祖孫三代在上海常德路老宅合影，前排居中老者是張寶善。

十九世紀末二十世紀初，國內大城市內的消防設施還相當原始，而張寶善已在南潯發起建立救火隊了。他花費鉅資從海外進口了救火器材，又從自家木匠作坊中挑選十來個青壯年參加其中。更為不易的是，他還令自己的兒子們也參加救火演習，遇有火警傾刻而出，張靜江兄弟都親自參加過救火，張家老四張墨耕還是這支救火隊的領隊。這支救火隊，就是浙江消防史上有名的張恒和「小洋龍」。註7

這支「洋龍」平時就停靠在東吊橋外宜園西的一間沿街的平房裏，是東恒和的私產。鎮上一遇火警就趕緊敲鑼，大約十幾分鐘，張家「洋龍」就能出動。鎮上老百姓只要看見張家「洋龍」出動就放心了，因為張家「洋龍」是鎮上最出色的，出水力也是最大的。後來鎮上總共發展到四五條「水龍」，每年到了五月二十日（分龍日）還要在土地堂前舉行「水龍」比武，四五條「水龍」大鬧天宮，把土地堂前變成了汪洋世界，鎮上老百姓視為一大節日。那時張家的「洋龍」出水量最大，噴水能到二層樓高，在當時總是能奪冠軍。註8

張寶善還熱心團防，因南潯地近太湖，太湖上歷來湖匪橫行，搔擾百姓，張寶善便「糾合鎮上富戶設立團防，自是盜不入境」（蔡元

培〈吳興縣南潯張定甫先生墓誌銘〉）。其他大凡地方公益事業，他無不熱心促成，如辦義學，施棺材，行平糶，歷為鎮上百姓稱頌。所以南潯鎮至今有一條大街名寶善街，即是為了紀念他而命名的。

張寶善因自己要料理家族企業，無法顧及舉業，於是就極力鼓勵兒子們讀書成才，非但要讀古書，還要讀洋書。他有七個兒子，即張弁群、張靜江、張澹如、張墨耕、張讓之、張久香、張鏡芙，大多數都出過洋，或是讀書，或是考察，或是做生意，他總是設法讓他們出去見見大世面，領略世界性的潮流。

張弁群在法國多年（一說是十年），一方面治療眼疾，同時也考察教育，1906年回國後，在南潯創辦了正蒙學社和潯溪女學。二兒子張靜江更是闖蕩海外的勇敢者，在張靜江25歲的時候（1902年），張寶善利用了親家的關係，於是才有了張靜江以商務隨員的身份，隨清廷駐法公使孫寶琦出使法國之事。老四張墨耕，1911年從英國留學回來，漸漸成為張家鹽公堂後期的掌門人，還主持了張家在上海的另一著名企業——位於南京路上的大綸綢緞局。老五張讓之是電力工程專家，從國外進口了發電機和其他設備，創辦和掌管了張家在南潯的一個現代企業——潯震電燈股份有限公司（1919年），還當過著名的龍章造紙廠的廠長。老六張久香，大概是他們這一輩人中學位最高的一位了，早年就讀聖約翰大學，1922年獲美國麻省理工學院化學碩士學位，回國後在金融界和實業界擔任了多項職務。[註9]

他們的後代中還出了幾位卓有成就的學者，一位是張弁群的兒子張乃燕，獲瑞士大學化學博士學位，回國後成為中央大學的首任校長[註10]；一位是張墨耕的大兒子張乃鳳，獲美國康乃爾大學農科碩士學

位，是我國土壤肥料學科的開創人之一
[註11]；一位是張澹如的兒子張藕舫，是
美國麻省理工學院電氣工程碩士，曾任
中外多所大學物理和電氣工程教授；還
有一位是張澹如的孫子張通，是美國明
尼蘇達大學的化學工程碩士、芝加哥大
學的化學博士，著名的物理學教授，出
版了100餘篇學術論文[註12]；還有張久香
的兒子張乃辛、張乃庚，都畢業於美國
著名高等學府，後來成為美國金融、證
券界的實力人物[註13]。張靜江的大兒子
張乃昌是美國航太工業系統的高級機械
師，他成名之後，臺灣當局曾有意邀請
他前去服務，他沒有答應。

　　尊德堂中最有影響的人物自然要數
張靜江（詳情後敘）。

　　張家後繼有人，數代不衰，歸根溯
源，還都得歸為當年老太爺戰略眼光的
厲害。

張靜江夫人朱逸民（居中）與親友
在張家東園（綠繞山莊）。

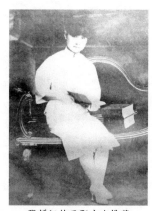

張靜江的元配夫人姚蕙

【註釋】

註1：宋路霞採訪筆記：2005年11月訪問南潯張靜江故居

註2：《舊上海的證券交易所》，上海檔案館編，上海古籍出版社，1992年

註3：《讀「絲」隨筆》張乃鳳，知識產權出版社，2005年

註4：同上

註5：同上

註6：《張靜江先生百歲冥誕與回憶》，趙曾玨（臺灣），慧炬出版社，1976年

註7：《南潯鎮志》，朱倍得主編，上海科技文獻出版社，1995年；《中國近代最大的絲商群體──湖州南潯的「四象八牛」》，浙江人民出版社，2001年

註8：《讀「絲」隨筆》，張乃鳳，知識產權出版社，2005年

註9：宋路霞採訪筆記：2005年6月7日採訪張墨耕的小兒子張乃驦

註10：《南京大學百年史》，南京大學出版社，2003年

註11：《情繫中華大地　獻身土肥事業──張乃鳳先生百歲華誕》，中國農業科學院，2003年；《中國農科院》（報紙），2003年4月10日

註12：〈關於張藕方和張通〉，張華，2005年

註13：〈張乃辛先生生平〉，張乃辛的親屬，2005年

張石銘適園藏書譽滿天下

辛亥革命風暴中的南潯富商

　　現在看來，假如不是辛亥革命的話，像張石銘、劉承幹、龐萊臣、蔣汝藻、周慶雲等傳統的南潯富商文人，恐怕就在他們高牆深院的漂亮書齋裏，悠哉遊哉地生活下去了。雖然以往的維新浪潮湧到他們身邊時，他們中的部分人也在一定程度上投身革命，但在總體上，南潯文人多半還是傳統的文化人，他們飽受了宋元以來儒家先賢的影響，以繁榮和推廣傳統文化為己任，在做生意的同時，總忘不了他們的書卷責任。

　　但是他們沒想到，在他們詩詞唱和、杯盞交錯的時候，腳底下的土地已經發生了質的變化，中國已經進入了半封建、半殖民地社會的末期。輯里絲的出口貿易既給他們帶來了豐厚的利潤和巍峨的門牆，但也給中國傳統經濟帶來致命的打擊。當大清王朝危在旦夕的時候，他們沒有料到，他們那田園牧

張石銘家族

歌式的優雅生活，説來就來，説走就又走了。

辛亥革命到來的時候，南潯「四象八牛」的第一代人均已經過世，第二代人大多也已經漸入老年。真正積極投入這場革命的是第三代人。張家東號的張靜江、張弁群、南號的張乃驊，以及張家本家兄弟張秉三等都是其中的代表。但是「四象八牛」的後代們政治上不可能步調一致，當延續了幾千年的傳統秩序一下子被粉碎的時候，他們中的多數人還是感到了恐慌。

張家的親戚劉承幹（號翰怡、求恕居士，南潯劉家嘉業堂藏書樓的主人，劉承幹的一個任子娶了張靜江的任女）在他的《求恕齋日記》裏，非常生動地敘述了當時的情況。

劉承幹在辛亥年九月初九日的日記裏寫道：「上午閱報紙，知盛杏孫宮保（即盛宣懷。盛家與劉家也是親戚，盛宣懷的六小姐盛靜頤嫁給南潯劉家三房劉梯青的長子劉儼亭。劉承幹是劉家大房的兒子，與劉儼亭是堂兄弟）為鐵路借款收

任伯年繪張石銘讀書圖

回國有，致激眾怒，經資政院彈劾，於初六日奉上諭革職，永不敘用，發唐紹儀為郵傳大臣，將盛寓保衛之兵即行撤調，革黨因而放火焚燒其居宅。盛求於慶邸（慶親王），慶邸不理，因逃入美公使署內，由美兵護送至津門，聞即欲乘輪回南矣……」是說從報紙上知道，北京已經亂了套，連朝廷的忠臣盛宣懷也丟了官了，而且一向支援他的慶親王也不願保護他，只好求美國領事館保護，眼下已經從天津返回南方……

劉承幹的日記共留下了51本，現存上海圖書館古籍部，內中絕大多數內容談日常起居、朋友間詩酒唱和以及買書的價格，但是這段時間卻記了很多事關全局的動態，可見這場革命對這些老夫子是觸目驚心的。

他得知天下已大亂後，「本生父親（即劉錦藻，劉家二房老太爺，著名實業家，劉承幹的親生父親。因劉家大房無子，劉承幹過繼給大房）因氣急頭暈遂即停止遛來」，劉承幹本人也「早上亦復時時氣急，稍寫數字即亦如此。」

張石銘刊刻的古籍
《張氏適園叢書》書影

張石銘刊刻的古籍
《擇是居叢書》目錄

這僅僅是初得京城裏情況，他們已經不能自持，但還想觀望一下。誰知才過了幾天，革命之火就燒到了家門口，上海也保不住了。上海縣城於13日下午4點失守，江南製造局（清朝最大的現代軍工企業，也是清軍固守上海的最後營壘）於半夜失守，繼而道署衙門也被大火焚毀……這下他們才知道大局沒有救了，天下已經不是大清的天下了，於是趕緊收拾東西往上海租界裏跑。劉承幹在南潯先把庶母和妹妹送上船，自己「下午開洋箱（保險櫃）收拾物件，整理契據，將申產道契帶申。」他整理各式契據一直忙到半夜3點鐘方罷。第二天得知，不僅上海已經失守，連同蘇州、杭州均已失守，於是船到無錫，再乘快船到上海。到上海不幾天，南潯傳來消息，説是南潯已於「18日午後兩點鐘豎白旗，宣告獨立。」

張家的情況當於劉家大同小異，因為張石銘也是在這個時候舉家搬到了上海。張石銘的產業比劉承幹要多得多，劉承幹在日記中曾説：「論家私，石銘最巨」（劉承幹《求恕齋日記》1925年3月26日），整理契據帶滬恐怕要更費事些。

張石銘原是康有為、梁啟超的追隨者，在1898年的「公車上書」中被維新浪潮所鼓動，加入了「康黨」的陣營[註1]。但他們的目的與孫中山領導的辛亥革命還是有極大的不同。辛亥革命是以推翻清王朝，把皇帝拉下馬，結束中國數千年的封建統治，建立民主共和為目的的；而康、梁，他們並不想革掉大清王朝的命，而是想在一個開明的皇帝的領導下，進行必要的改革和振興，以拯救大清帝國於危亡，所以在辛亥革命到來的時候，他們不能不感到震驚。

於是，張家人在這個非常時期實際上形成了兩條陣線，一條是溫

和的，不流血的，學究式的，如張石銘、張芹伯，他們是贊成康、梁的；另一條陣線是以張靜江、張弁群，以及張石銘的四兒張乃驊，還有張家本家侄子張秉三為代表，他們則是追隨孫中山的，贊成辛亥革命、主張武裝奪取政權的。其中最激進和徹底的革命派是張靜江，是位不惜毀家救國的愛國志士，被孫中山先生譽為「民國奇人」。

十里洋場一群埋頭詩書的老夫子

比起革命傳統來，湖州更為深厚的「泥土」還是傳統文化的積澱。

從六朝以來的沈約開始，這個地方的藏書家歷朝歷代不知凡幾，到了清末，還誕生了號稱四大藏書樓之一的皕宋樓（陸心源的藏書樓）。到了清末民初，南潯「四象八牛」已經有了三代人的經濟積累，豐衣足食之餘，紛紛在文化方面希望有所建樹，於是張家的適園藏書，劉家的嘉業堂藏書，蔣家的傳書堂（後改為密韻樓）藏書，龐家的龐虛齋藏書藏畫……在幾十年間迅速崛起，聲勢直追清末四大藏書樓，這應是湖州地區千百年來「文脈」的延續。比起投入革命洪流這一新生事物來說，南潯文化人在這方面，似乎做得更直接和自然些。

張石銘就是在維新的陣營裏走了一陣，又回到他的書齋，回到他的收藏圈中的老夫子。辛亥革命後他避居上海租界內，最初的一陣恐慌日子過去之後，他又恢復了原先的生活節奏，終日以讀書、校書、收藏為樂。

那時的上海租界，匯聚了四面八方前來避難的晚清遺老遺少，不僅是南方人，連北方一些超級大宅門的後代，如李鴻章的兒孫、袁世

張石銘的書房擇是居

凱的兒孫、孫家鼐的後代、周馥的後代也都來到了上海，同時還有一批滿腹經綸、學富五車的晚清國學名士，如繆荃孫、柳詒徵、沈寐叟、楊鄰蘇、羅振玉、王國維、李國松等等，上海一下子進入了東西方各種思想交匯的高潮期。

在這場「交響高潮」中，儘管傳統文化是屬於低調的，甚至是無奈、沉鬱的，但卻是高雅的，真誠的，是一群嗜古尤篤的老夫子，在「五四」新文化運動的高潮到來之前後，對傳統陣地的最後守護。

張石銘與避居海上的「同聲相聞」的老夫子們，就是這樣一個群體，儘管他們也喜歡吃西餐，生意上也熱衷跟洋人們做生意，大宅門裏也有西式的建築、設施和廚師，但是說到傳統文化，對不起了，他們絕不讓步！

他們結成了淞社和希社，定期聚會，飲酒作詩，你唱我和，出版他們的詩集。除了定期聚會（一般是每月一聚），隨時還你招我請。遇到諸如兒女婚嫁、新添丁口、老人祝壽，甚至新獲

一部得意之書或是中意之畫，都要把好朋友們招來，吟詠一番。除了詩酒之外，他們於歷代書畫、金石典籍，古碑古玉，無不深究。

這種傳統的、自發的、情趣相投的文人聚會，無疑給張石銘帶來了巨大的精神安慰。除此之外，他用功最深、花費最巨的還是他的藏書和刻書，以及對版本目錄學的研究。

張石銘在他刊刻的100部古籍中，留下了很多他的校勘（校對、考證）文字，無疑很能反映他的版本目錄學水準。他的藏書大多都是一般文人學士無法獲見的珍籍善本，為了傳播這些善本，他不惜花鉅資把它們刻印出來，供學術界研究。這種學術上的善舉，其意義恐怕要大大超過他對孤兒院和地方團防的贊助。

從周慶雲所印行的淞社詩集中，可以看到張石銘那時生活和思想和影子。初到上海，他的詩作的基調是滿腹心事、鬱鬱寡歡的。如：

〈應天泉〉

　　昔年曾訪靜安寺，古井相傳第六泉。

　　釀酒烹茶無用處，只因地僻少人煙。

〈龍華塔〉

　　龍華古寺遊人集，宋代錢王塔尚存。

　　昔日喧闐今寂寞，桃花落盡佛無言。

〈滬瀆壘〉

　　滬瀆相傳有晉壘，怒潮如作輓歌聲。

　　袁山松果生今世，誓守孤城不毀城。

〈最閒園〉

> 我讀梧溪集七卷，青園故址訪烏涇。
>
> 濯風臥雪如相許，願作先生種菜丁。

〈露香園〉

> 吳地至今傳顧繡，遊蹤未到露香園。
>
> 貞民古篆成灰燼，前代園林有幾存？

〈留園玉泓館〉

> 玉泓宋硯今何在？顧館留名無客蹤。
>
> 欲問宣和一片石，與君同訪冠雲峰。 註2

這組記遊詩寫得淒淒慘慘，字裏行間都是憂愁，「少人煙」、「佛無言」、「輓歌聲」、「成灰燼」、「有幾存」、「無客蹤」，走到哪里都是物事人非，風光不再。再好的風光，此刻在他眼裏都是變形的，全都打不起精神。説是遊歷，還不如説是觸目傷情，越遊心事越重。另有一些懷古詩，也寫得欲哭無淚，滿腔無奈：

〈金台懷古〉

> 自薦爭誇始郭隗，黃金散盡已台頹。
>
> 悔教樂毅疑而走，致令荊軻去不回。
>
> 馬角烏頭虛設誓，龍顱駿骨早成灰。
>
> 燕王霸業今安在？但聽瀟瀟易水哀。

〈金陵懷古〉

> 虎踞龍盤啟戰爭，誰知王氣盡前明。
> 雞鳴埭古宸遊歇，鳳去台空帝業傾。
> 孫楚有錢長買醉，張昭入幕不知兵。
> 掛冠早去惟宏景，消受山中宰相名。

　　這些懷古詩述說了他對一些歷史事件的評判，說明他對中國歷史有著深入的思考，多少也寄託了家國身世之感。只有在為其母親桂太夫人祝壽，或是親朋好友有什麼喜慶佳日的時候，才能看到他一絲難得的笑容。

　　為母親祝壽他是要回南潯的，詩云：

> 寸草依依子舍邊，春暉常駐即神仙。
> 揮毫續譜霓裳曲，獻斝重開畫錦筵。
> 潯水笙歌介眉壽，適園花水養心田。
> 堂前爭效萊衣舞，贏得慈顏笑酒顛。

> 回憶機聲接讀聲，顯親妄冀早揚名。
> 泮林芹藻謞鶯哦，坰野蘋苓賦鹿鳴。
> 鳥哺但求伸孝養，鵬博不復計前程。
> 焚香默祝無疆壽，願向林泉老此生。

又有〈夢坡姻丈舉第四孫借賡社詩韻致喜疊韻致賀〉一首，是祝賀周慶雲（夢坡）得第四個孫子的賀詩，詩中情意深長，喜氣洋洋：

> 喜溢重幃奕葉光，添丁贏得獻詩忙。
> 穎濱斗老咳名似，甬里高風延脈長。
> 傳硯有人繩祖武，鑿楹他日紹書香。
> 閒拈俚句先馳賀，待啟華筵賓館涼。註3

張石銘做人一向很嚴肅，從不隨便恭維人，更不屑拍人家馬屁。但是對周慶雲他另眼看待。周氏與張家的關係非同一般，他是老太爺張頌賢在浙江辦鹽業時的主要助手（見《吳興周夢坡年譜》），但更重要的原因是，周慶雲也是個很有底蘊的文化人，而且有很強的鄉土責任感，他對於家鄉的文化史料非常重視收集，出資編撰、印行了民國年間的《南潯志》、《莫干山志》、《鹽法通志》等多部史料、工具書，受到時人的一致讚揚。在大家都離開南潯、寄寓滬上的時候，他又率先發起成立淞社，讓這批痛心疾首的老夫子們有個發發感慨，透一口氣的機會，並出資把這些很容易流散的唱和詩印了出來。今天人們之所以能看到這些老夫子當時的詩作，不能不歸為周慶雲的功勞。類似這樣的朋友間的酬唱詩還有很多，張石銘似乎也很願意參加這樣的活動。

在劉承幹的日記裏常有他參加唱酬的記載。1925年2月12日，劉承幹寫道：「與周夢坡假湘雲觀察（即周湘雲）學圃舉行淞社第五十九集，共三桌，到者：朱念陶、徐積餘、張石銘、周湘雲、劉公魯……

共20人。」[註4]

　　這個名單可是上海十里洋場了不起的大財主加大收藏家的集體亮相。其中朱念陶是安徽人，其祖父是當年李鴻章淮軍裏的哥兒們朱鴻度，其兄朱幼鴻得到李鴻章的庇蔭，在清末辦起了中國第一家民營棉紗廠，獲利無算。他本人年輕時還因有李鴻章的包庇，躲過了一場命案。家裏有了錢就有收藏的本錢了，於是也成了名列滬上收藏家之林的大戶。

張石銘在杭州西泠印社題寫的「閒泉」大字，如今仍在，此照攝於二十世紀30年代。

　　所謂「湘雲觀察」就是周湘雲（「觀察」是在清末捐來的虛銜），寧波籍房地產巨商，有華人房地產大王之譽，名列上海公共租界納稅人的第五名。南京路西藏路路口的大慶里原先就是他的房地產。「學圃」是周湘雲的私人花園，占地20畝，舊址就是現在延安中路上的延安飯店及南面的花園，他還是名噪海內的古字畫收藏大家。

　　徐積餘（乃昌）是晚清舊僚，藏書大家，積學齋的主人，也是民國年間收藏碑石拓片的最有成就的兩位大家之

一。另一位是張石銘的好朋友繆荃孫，清末民初時期最著名版本目錄學家。

劉公魯的祖父是上海道台劉瑞芬，曾出任過大清駐英、駐德等五個國家的公使，他的父親是著名藏書樓「玉海樓」的主人劉世珩，他承繼了家藏宋元珍善，一輩子不做事，專研版本目錄，也是個遠近知名的收藏家，嗜古情結較之一般遺老遺少更重，甚至直到抗戰爆發時，腦後還拖著辮子……

有這樣一批古趣相投的朋友聚在一起，想必這第59集的淞社三桌酒，是能夠讓張石銘開心釋懷的，因為其中多數都是「玩」宋元珍本藏書的同好，杯盞俯仰之中，焉能夠不盡興！

劉承幹1925年正月初九的日記還記載了他們在張元濟（菊生）先生家的聚會情況：「晚應張菊生先生之招至其家吃番菜，同席者董授經、潘明訓、張石銘、許博明、夏劍丞、蔣孟蘋。飯後出示其去年年底在揚州何秋輦中丞家購宋淳熙本《盤洲集》（宋洪适著）完全無缺，難得之書！授經曰，時價是5000元，菊生以三萬元，將何氏之書盡行買下，此為其中第一好書。30000元買了何氏四萬本書……」且不論張元濟買的這部宋版書版本、價格如何，就從這個來吃番菜的名單來看，可是把上海灘收藏宋元版本的第一流大牌明星一網打盡了，亦可知張石銘在民國藏書家中的地位。

其中董授經（董康）是盛宣懷的同鄉，常州人，光緒進士，著名目錄學文獻《書舶庸譚》的作者，曾任晚清大理院推丞（司法部門官員），民國後曾任大理院院長、代理司法總長，著名藏書家，一生曾七次赴日本，最後四次都與藏書有關。他在日本曾花巨資把流入日本

的宋元古籍買回來。張石銘收藏的宋版《東都事略》130卷就是董授經從日本買回來的（詳情後敘）。他的藏書處叫誦芬室，以收集宋元版本及明代嘉靖以前的古本為主。劉承幹的宋版書《吳郡志》也是從他手裏買下的，費金800元[註5]。

潘明訓也是民國藏書史上的傳奇人物。他是廣東人，字宗周，原是洋行裏的練習生，後來當上了上海工部局的買辦，家中有了錢，就藏書。他藏書獨嗜宋元古本，其他均不屑，不數年竟成了宋本大戶，把袁家公子袁克文的藏書陸續「吃」下了十之六七，包括那部著名的《禮記正義》，因名其居曰寶禮堂。他的珍貴藏書最終達到111部，其中除了六部元版，其餘全是宋版，這就是在50年代初，他的兒子潘世茲先生捐獻給國家的那批。

夏劍丞（名敬觀）是著名的教育家和目錄學家，晚清曾任復旦公學和中國公學的監督（即校長）、署理江蘇提學使，民國後曾任浙江省教育廳廳長。1916年入張元濟先生主持的商務印書館，在該館的涵芬樓校訂古籍。

劉承幹是南潯首富劉鏞的孫子，張家的老鄉和親戚，所建嘉業堂藏書樓是民國以來規模最大的私人藏書樓，至今仍屹立在南潯小蓮莊西側，被列為全國文物重點保護單位。他的藏書號稱60萬卷（古人常把一冊書分成若干卷，有的以三頁為一卷，有的五頁為一卷，也有以內容來分卷的），16萬冊（到全國解放時尚餘十一萬冊），宋版書達到65部（一部古籍有的只有一冊，而絕大多數古籍，一部要分成若干冊）。他跟張石銘一樣，還以刊刻古籍知名於世，魯迅先生稱讚過他所刻的書，並送其一個「傻公子」的綽號。

蔣孟蘋（名汝藻）也是張石銘的親戚和同鄉（張弁群的夫人就是蔣孟蘋的妹妹蔣汝芝），其祖上也是以絲業起家的南潯富商，被列為當地「八牛」之一。蔣家是南潯的藏書世家，從他的祖父、叔祖開始就已經開始藏書，並精於小學和繪畫。到了蔣孟蘋時代，其鎮庫之寶是以2000大洋購下的宋人周密撰寫的《草窗韻語》，因而他把自家的藏書樓「傳書樓」改為「密韻樓」，以示珍愛。這部《草窗韻語》曾被鄭振鐸等人呼為「尤物」、「妖書」，是宋版中的極品。

張元濟先生更是名震海內的出版家和藏書家，家有涉園藏書，多年來在商務印書館主持整理和影印了大量古典珍籍。他常年與海上藏書家們保持了密切的聯繫，在商務印書館出版百衲本《二十四史》和影印《四部叢刊》的時候，有不少珍籍就是向這些藏書界的巨頭借的。

……

如今張石銘坐在這樣一個海內頭等藏書家陣容的番菜桌旁，想必心情是很愉快的，因為在這樣的文人圈子裏，他們有太多的共同語言。

隔了幾天，劉承幹在這個月13日的日記中又記下了一次朋友聚餐，也是文人的世面：「至曉霞（即徐鈞）處小談，同至龐萊臣處，聽其招同席者，外舅姚文敷、蔣孟蘋、張石銘、金仲廉、季言、徐曉霞、龐贊臣。」徐曉霞是張石銘原配夫人徐咸安的弟弟，詩人，也是劉承幹的連襟；龐贊臣是龐萊臣的本家兄弟，時在上海辦實業；姚文敷是張石銘的親戚；金仲廉估計是南潯「八牛」中金桐家族的後人，這個名單也是名噪一時的傳統文化人。

如此等等，可知上海租界裏的生活還是能對他的胃口的。這樣的生活，比起南潯的高牆深院眼界更加開闊些，對於豐富他的藏書也有有利條件。後來局勢穩定了，他也不要回南潯了，他已經逐漸融入了海上文化這個「中西交響」的整體，直到他生命的最後。

張石銘與張元濟的宋版書交往

近年來河北教育出版社出版的《張元濟日記》（由張元濟先生的孫子張人鳳整理）中，有六處記載了張石銘與張元濟的交往：

1916年3月2日：雜記：約王病山、朱古微、俞恪士、壽丞、劉聚卿、徐積餘、鄭稚星、劉翰怡、張石銘、李梅庵、鄭蘇龕在一家春晚飯。

1916年7月20日：應酬：晚約伯利和、沈子培、葉菊裳、張石銘、繆小山、蔣夢蘋在寓晚飯。劉翰怡丁本生母憂未到。

1918年3月26日：應酬：晚約鄒紫東、陳小石、周湘舲、姚慕蓮、張石銘、朱榜生、蔣夢蘋、瞿希馬、夢旦在一枝香晚飯、徐冠南、曉霞未到。潘澄波、譚海秋、韋漾泉招引。辭。

1919年5月8日：雜記：伯利和君自京來，約至禮查飯店晚飯。云後日將攜其夫人歸國，並託代購陳簠齋《金石錄》及張石銘《擇是居叢書》。

1921年1月13日：雜記：張石銘託葛詞蔚來商，願得本館所藏宋本

《容齋隨筆》、《續筆》。與同人商議，如彼允借書於我，無限制，即以原價讓與亦無不可。隨即函達詞蔚。留稿。

1921年1月14日：雜記：晨訪詞蔚，告以本館欲石銘借書事，請其轉達，即以讓《容齋隨筆》、《續筆》為交換條件。詞蔚允即轉商。嗣得電話，又來信，並附到石銘復信，完全允許。信交任心白存入《叢刊》借書案內。十五日余致石銘一信，即證明此事，亦留稿。

由於現存張元濟先生的日記並不完整，僅有13年，而這13年中也不完整，有的還是殘本，所以現在無法從中看清張石銘與張元濟之間的全部交往。但是僅從這記錄在冊的六次交往中，也能看到他們之間交情不同一般。

張元濟先生（1867－1959，字菊生，光緒進士）在晚清朝廷裏曾任邢部主事和總署（總理衙門）的章京（相當於秘書），是個思想激進的改革派，也是清末和民國年間非常傳奇的人物。在光緒皇帝決定實行「新政」的時候，他廣求新書送光緒帝披覽。1895年張石銘在北京參加「公車上書」的時候，張元濟早已在北京。同是浙江籍的知識份子，又屬同一條思想戰線上的愛國之士，他們或許在那時就已經互有所聞。不幸的是，戊戌政變事敗，張元濟被革職，被宣佈「永不敘用」，於是回到上海，這時張石銘早已回到了他的書齋。現在我們從張元濟日記中得知，起碼在1916年春天，他們已經是飯桌上的朋友了。

　　最能說明他們的友誼的當是張元濟在1921年年初的兩則日記。當時張元濟已經是商務印書館的監理，正在主持影印一部大型叢書：《四部叢刊》。這部叢書所採用的底本，都是留存至今的最好的善本，有的是連《四庫全書》中都沒有收進的。為了確保叢書的版本質量，張元濟就向滬上有名的藏書家商借他們家藏的珍本秘笈，張石銘也是被商借的藏書家之一。

　　好朋友要借書影印，這是嘉惠士林的好事情，當然應當支援。但是要說互惠互利嘛，張石銘似乎覺得自己也應當有所得。他腦子挺好使，一方面答應借書給商務，同時提出一個附加條件——他想要買商務印書館涵芬樓（商務印書館的藏書樓）裏的一部宋版書！他自己不好意思當面說出，於是託張元濟的一個好朋友葛詞蔚（後來成為張元濟的親家）前去說項。於是就有了張元濟日記中的：「張石銘託葛詞蔚來商，願得本館所藏宋本《容齋隨筆》、《續筆》。」

　　張石銘的眼光談何了得！要知道宋版《容齋隨筆》和《續筆》（各十六卷，為宋朝學者洪邁撰，由洪邁的任孫洪汲於南宋嘉定年間所刻），絕非一般的宋版書，而是天地間僅有的一部孤本，而且當初已經流到了日本，近年來被人從日本又買回來的寶貝，既是宋版，又是孤本，其版本價值可想而知。張元濟覺得此事非同小可，不可一個人說了算，就與同人商議，商議的結果是：「如彼允借書於我，無限制，即以原價讓與亦無不可。」隨即寫信給葛詞蔚，請其轉達商務印書館方面的意見。第二天一早，張元濟還專門為此事走訪葛詞蔚，進一步關照此事，請其代為轉達。這裏的關鍵字是借書要「無限制」三個字，可知張元濟也是個「腦子好使」的朋友。張石銘則很痛快，只

要你肯把孤本宋版《容齋隨筆》、《續筆》賣給我，我的其他書任你們借去印好了，借多少都沒關係，還有信寫來，明確申明自己的態度。於是《容齋隨筆》這部著名的孤本宋版書就到了張石銘的書房裏了。大家各有所得，自是皆大歡喜。

《容齋隨筆》的作者是宋代著名學者洪邁，他在這部書中以筆記的手法，記錄了大量宋代和宋代以前的社會史料，諸如朝野掌故、典章制度、社會風俗、物產物價、名流軼事、天文地理……凡與宋代有關的，幾乎無所不包，無所不記，大可補宋代正史之不足，是如今研究宋史的不可多得的必讀參考書。這是它的史料價值。

關於這部《容齋隨筆》的「來歷」，前些年來江蘇人民出版社出版的江澄波先生著《古刻名抄經眼錄》一書（江蘇人民出版社1997年出版）中有較詳細的介紹：「《容齋隨筆》十六卷，《續筆》十六卷。宋洪邁撰……是書乃嘉定中洪邁侄孫洪汲守章貢時刻，字體端嚴，寫刻絕精，並鈐有『鞠山文庫』、『荊州田氏藏書之印』、『後博古堂所藏善本』、『審美珍藏』、『潛山讀本』、『潛叟秘笈』、『田偉後裔』、『他無長物』等印記。可知晚清時曾流入日本，藏於鞠山文庫，民國初年為田潛（奉天省特派交涉員）在東京時購回，後歸徐恕介可。又由傅增湘經手為商務印書館以一千二百元購得，藏涵芬樓，印入《四部叢刊》（續編）。據《張元濟日記》，後因向南潯張鈞衡借印其所藏清初錢曾影宋鈔本《說文繫傳》（半部），張提出要以《容齋隨筆》、《續筆》為交換條件。商務印書館為使《四部叢刊》中多一精品，遂忍痛割愛讓於張。幸此，涵芬樓在1932年一‧二八日本侵華戰爭中被炸毀，此書得免於難。1973年，筆者在前梗子巷居民

家發現（物主係南潯張氏「適園」後人），收歸蘇州市圖書館保藏。」這就説明瞭這部珍藉近一、二百年來的蹤跡，並且已經説明，是1973年從張家流出，目前被收藏在蘇州市圖書館裏。

江澄波先生是蘇州古書業中的前輩，解放後在蘇州古籍書店從事古籍收購工作，是親自將此書從張家後人手裏收購來，又賣給蘇州市圖書館的當事人。他如今還在世，退休後自營一家小古舊書鋪，他的説法當屬可信。

最好的朋友繆荃孫

張石銘的朋友很多，但對他的藏書影響最大的，應推著名學者、版本目錄學界泰斗繆荃孫先生。

繆荃孫大張石銘20幾歲（1844－1919），字炎之，號筱珊，晚號藝風老人，江蘇淮陰人，光緒進士，著名收藏家、目錄學家和教育家，歷任京師學監、翰林院編修、江楚編譯局主任等職，還創辦了江南圖書館。辛亥革命後他不食周粟，於1911年10月避居上海，專事著述和目錄學研究，從而與張石銘在1912年相識，成為莫逆之交。在繆荃孫的日記和一些書信中，可知他們間來往是很密切的。

繆荃孫為張家寫過很多文章——張石銘的父親張寶慶的傳略〈張封公家傳〉是繆荃孫撰寫的；張石銘的岳丈徐叔雅先生的傳略〈徐叔雅榮祿家傳〉也是繆荃孫撰寫的；徐叔雅的詩集《風月廬詩稿》的序言、張石銘的元配夫人徐咸安的詩集《韞玉樓遺稿》的序言也是繆氏撰寫的。另外，張石銘造金剛經塔的塔記、所刻《適園叢書》的序言

適園春景（中國畫）

適園夏景（中國畫）

等，都是繆荃孫給撰寫的。繆氏一生著作等身，在他的《藝風堂文漫存‧乙丁稿》中，還收入了一封給張石銘和劉承幹的信，是專門談刊刻古籍圖書的，那時張、劉二人都有意將自己的珍藏古籍刊刻出來，嘉惠士林，繆荃孫大力支持了他們，並為他們出謀劃策。註7

張石銘對繆氏非常敬重，相識以後經常前去問學，在繆氏的日記中，常有張石銘的名字出現，有時連續好幾天，他們都一起「泡」在古籍中，不是借書、還書就是討論版本。張石銘一得到好書總是拿去請繆氏鑒賞，間或張弁群和張芹伯也一同前往，所以繆氏在1912年前後的日記中常有「張石銘送史記來」，「張石銘送山川志來」，「石銘送內閣書目來」，「閱石銘來條」之類的文字。臺灣學者張碧惠所撰《晚清藏書家繆荃孫研究》一書中認為：「劉承幹（嘉業堂）與蔣孟蘋（傳書堂）、張石銘（適園）為民國十年前後，上海三大藏書家。」「劉承幹與張適園對繆荃孫甚為敬重，關係

亦密。」註8

　　繆荃孫為張石銘做得最有意義的一件事，是為他整理並代為編撰了《適園藏書志》。這部藏書志於1916年出版，著錄了張石銘當時的大部分珍貴藏書。

適園秋景（中國畫）

　　由於張石銘是1928年初去世的，他的藏書活動一直延續的生命的最後，而1916年出版的藏書志不可能包括他在1916－1928這十餘年來的續收之書，所以說，這部藏書志還不能代表張石銘藏書的全部。但是就是這部藏書志所反映出的內容，也足以傲視群雄的了。《適園藏書志》中著錄的宋版本有45部，元刊本57部，名人稿、校本達數百部，儼然宋元古本大家。

　　繆荃孫晚年生活貧困，不得不將其藏書出以易米，劉承幹和張石銘都買下不少。

適園冬景（中國畫）

現存臺灣國家圖書館的適園三代藏書

現在臺灣國家圖書館的善本書庫裏，收藏著一大批張氏家族的藏書，是張石銘、張芹伯、張葱玉祖孫三代的藏書。

據該館老研究員蘇精先生撰文介紹說：「張鈞衡（石銘）祖孫三代的這些圖書，四十年來一直是中央圖書館所獲的最大宗而且最完整的故家舊藏，目前該館約十四萬冊善本書籍中，適園三代的印記最多。這大批古本珍籍灌注了私人心血於先，繼之公家力量保藏於後，傳諸久遠可待。比起蔣氏『傳書堂』的灰飛煙滅、或嘉業堂的離散四方，真是幸運之至。張氏父子、祖孫是可以了無遺憾了。」註9

這些足以「了無遺憾」的藏書究竟是些什麼內容呢？

蘇精先生在〈藏書之鄉　藏書之家——張鈞衡適園〉一文中介紹說，張石銘適園藏書的精華主要有幾個方面：

首先是豐富的宋元珍本藏書。

在1916年張石銘印行《適園藏書志》時，他的藏書就已達宋刊本45部、元刊本57部；到他的長子張芹伯（乃熊）編《芹圃善本目錄》時，所藏宋刊本已達88部、元刊本已是74部了，這就不得不令人肅然起敬。其實，這個數位還不是適園藏書的全部。

據張芹伯的三兒子、現年70歲、寓居蘇州的張澤璜先生說，在1941年（鄭振鐸代表重慶方面前來收購古籍）之後，家中還留有不少藏書，這些書後來分為三個部分散出的。

一部分在50年代初，張葱玉與鄭振鐸再次來到張芹伯家（當時張芹伯已去世，其夫人郭後全尚健在），動員家屬向國家捐獻藏書。張家捐

獻了一批書，其中仍不乏元明善本，張蔥玉事後還有獎狀送來（這個獎狀後來毀於十年浩劫）。北京圖書館也有感謝信寄給張芹伯的長子張齊七，還附了捐書的詳細目錄（詳情後續）。另一部分在50年代後期3年自然災害時，張芹伯夫人為了生活逐漸賣掉了，包括一整櫥歷代的藏書目錄。據說是賣給上門收購廢舊物品的小販，賣不出好價錢，只能是換取些零花錢。最後一部分，是郭後全留給三兒張澤瑾的幾部善本書。因為解放後張澤瑾在蘇州一家工廠工作，生活不富裕，其母為其補充營養，給了他一些其父留下來的古書。張澤瑾後來將這些書帶到蘇州，陸續在護隆街的古舊書店裏賣掉了。由此可知，張氏適園藏書的精華遠遠不止《適園藏書志》和《芹圃善本書目》上著錄的內容，其宋版書的總數，恐怕已經超過了100部。註10

在他們父子相傳的宋版書中，有一部較特殊的《東都事略》130卷，是從晚清皇室怡賢親王家中流出來的，上面欽有「怡府世寶」、「明善堂」、「安樂堂」等印記，後來流落到日本。民國初年被法律專家，同時也是大藏書家的董授經（董康）所購得，帶回國內。張石銘以千元之價收歸入庫。這部書在目錄頁的後面刻有「眉山程舍人宅刊行，已申上司不許覆版」兩行牌記，其作用類似於目前「版權所有，翻印必究」之類，可知從當時起，人們對版權的保護意識就已經覺醒了。

張石銘的宋版書中還有兩部很有意思的書，即《北山小集》和《李賀歌詩編》，這兩部書都是利用當時廢舊的公文紙的背面印製的，用的是宋孝宗乾道年間（1165－1173）年間，手寫的官府帳簿冊紙，其中官銜和人名、年月和記項，均歷歷可辨，甚至上面還留下了不少宋代的關防朱印，這真是一部難得的800多年前的官府經濟史

張石銘
靜江家族

晚年張石銘

料。《李賀歌詩編》在二十世紀70年代，已由臺灣中央圖書館以線裝仿古的形式印行，上海古籍出版社也在粉碎「四人幫」後的最初幾年中，印行了此書，是屬於「文革」之後最早解禁的古籍之一，可見所受重視的程度。當時還有種說法，說是毛澤東很喜歡「三李」的詩歌。三李是指李白、李賀、李商隱。既然是偉大領袖喜歡讀的書，自然是古典文學中的精華了，其社會影響就遠遠超過了它的版本價值和學術價值，成了印刷數十萬冊的暢銷書。這大概是張石銘無論如何也想不到的吧。

其次是有數量驚人的名人抄本（手抄本）、稿本（手稿、草稿）和名人批校本（有名人的校對文字和眉批）。

一般的藏書家，收藏的印刷本總是要超過手抄本和手稿本，因為畢竟印刷本總體數量要比手抄本和稿本要多得多，也就容易獲得些。而適園藏書與眾不同的是，刊印本和抄稿本竟達到了相埒的地步——他那920部左右的善本中，抄稿本和刊印本竟都在460部上

下，各占半數，其中黃跋本（黃丕烈校跋）就有100多部，這是張石銘藏書的最大特點，很能說明他與眾不同的性格。註11

這些抄本中有很多是名家精抄之作，其中有不少是朱學勤的「結一廬」、張蓉鏡的「小琅環福地」、吳騫的「拜經樓」、顧沅的「藝海樓」等藏書家的舊藏，而這幾家原先都是以收藏或從事抄書著名的。張芹伯在其父親的基礎上繼續努力，又陸續收入了韓應陛的「讀有用書齋」、海鹽張氏的「涉園」藏書中的不少抄本。楊守敬從日本抄回的珍籍善本，也有13部讓歸張石銘，這就使得適園藏書又上了一個臺階。這些抄本中最具版本學價值的，是44部影宋抄本，可供校勘訂正明清刊本之用。

1941年冬天鄭振鐸先生從張家收購這批古籍完畢之後，曾向當時設在重慶的文化部匯報工作，報告中以非常動情的筆調論證了這批藏書的史料和版本價值（詳情後敘）。

另外，他還收藏古畫、古玉、青銅器和古錢。但是除了藏書印有目錄之外，他其他的收藏目錄如《古歡錄》、《梁石記》等還未及刻印，其本人就於1928年去世了，這些目錄後來也都散失了。也許正是因為這個原因，外界只知道他是著名的藏書家，而他其他方面的收藏，都被掩沒了。

現存張石銘的孫子張澤瑚（般六）家中的幾件「文革」劫餘物資，很能說明張石銘在藏書以外的收藏品位。一件是依照他所收藏的兩幅南宋著名畫家馬遠的山水畫，依原樣摩刻在一塊瘿木上的掛屏，上面不僅摩刻了馬遠的畫，還有張石銘的考證文字和印章。另外還有兩把玉竹的扇子（玉竹原本是白色的，八九十年後變成了黃色），那扇股

張石銘的部分收藏章（2007年春被人拍賣，價135萬元）。

張石銘印章的印文

上是清末民初著名微雕大師張楫如的微雕作品，上半部雕刻的是一件青銅器上的鐘鼎文，下半部有張石銘的考證文字，均是依照原樣的比例微雕的，惟妙惟肖。從張石銘的考證文字中可以知道，那青銅器是周朝周成王的一個高達4尺的大鼎，能盛400斤米，流傳有緒，晚清時從清廷流出，歸蘇州著名收藏家潘祖蔭。張石銘費金700兩，從潘氏後人手中買得。張石銘在考證文字中還不忘把雕刻人作了介紹。

最近，張楫如的孫子張永芳先生寫了一本家史《張家，「第一古玩家族」秘史》，其中有一個小節「刻一把扇骨2000銀元」，講到了張石銘與張楫如交往的緣起。文中說：「清末民初的上海，有一個地產巨商，名叫周湘雲，以收藏三代青銅器著稱……有一次，周湘雲請祖父在一把扇骨上鐫刻一篇鐘鼎文，酬金2000銀元。完成後，周湘雲非常喜歡，不僅用錦緞盒裝，還佩以紫檀木匣，秘不示人。當時，和周湘雲同來的，有一位叫張石銘的權貴，他是黨

國要人張靜江的弟弟（其實是堂哥——作者注），在一旁看到後十分動心，也出2000銀元的酬金，請祖父照樣再刻一把扇骨。」這就為眼下張澤瑚先生手裏的兩把祖傳張楫如刻扇骨作了最好的注釋。

現在，南宋馬遠的畫和周成王的青銅器都不知所終了，張石銘的孫子張澤瑚手中只剩下了摩刻件。

轟動上海灘的葬禮

大凡事業做的大了，總要招來壞人和小人的忌恨。1925年8月19日深夜，張石銘從一個朋友家中出來，在馬路上突遭綁票，匪徒持槍要挾，他奪路而逃，不幸被匪徒擊中肩膀而倒地，遂被綁去達十餘天，經其家人與綁匪取得妥協，按要求送去巨款才得獲救。

張家帳房中不乏精明之人，在籌款贖人的時候，特用了浙江興業銀行的連號新鈔票（張家是浙江興業銀行的股東），並暗中聯絡了巡捕房，注意追蹤這批連號鈔票的流通情況，終於順藤摸瓜地弄清了來龍去脈，原來是「海上聞人」、人稱上海黑社會的老大杜月笙手下的幹將張松濤幹的（張松濤是杜月笙的大弟子，在漢口路西藏路一帶開設揚子飯店、皇后大戲院）。但是巡捕房不願得罪杜月笙，案子也只好不了了之。註12註13

海外有些並不瞭解張家情況的人，近年來寫書稱，張家與上海黑社會有很深的聯繫，這實在是大錯特錯。如果張家與黑社會有聯繫的話，張石銘怎麼還會被黑社會綁架呢？

關於張石銘被綁票的事情，劉承幹的日記裏也有清楚的記載（1925年8月）：「張石銘於十九日夜十一時，在寧波路中旺弄口張崇

新醬園門口為匪徒綁去。據云，是夜石銘自太昌公司看牌回家，車至寧波路，忽有柴擔橫在車前，致車不能行，停在路上。即有匪徒上車將電線剪斷，以手槍監視車夫。石銘見車已停止，即出車，思走。已走出車數步，該匪徒追上，扶其至彼之汽車而去。近來綁票之事日見其多，時有所聞。遍地荊棘，可為寒心。」

關於張石銘出險的過程，劉承幹的日記中也有說法：「詠和（張家的帳房）來談，知石銘之出來，價目是二十萬元，以一萬元作為回使費，實價是十九萬元，並無外人接洽，乃石銘在匪窠中，自己與彼所講定者也。然其家中，祕密異常，不肯以詳細情形告人，對外總說，是因浙江風潮而逃出來者，然此種欺人之談，無人信之，不過騙騙巡捕房而已。」註14

這在當時是一件非常重大的綁票案，因為張家名聲在外，生意上聯絡的面很廣，張石銘的堂弟又是民國元老張靜江，所以社會上一時轟動，人心惶恐，但是素以報導各類社會新聞著名的《申報》對此卻無隻字片語。這或許就印證了劉承幹的話「其家中，祕密異常，不肯以詳細情形告人」，對報界也打了招呼，不要公開此事，免滋旁議。

其實在這個過程中張石銘肩上還挨了一槍，傷勢不輕。槍傷雖說後來治好了，但卻留下了嚴重的後遺症，常常驚悸害怕，以致引發了心臟病，一年後又突發中風，於1928年年初不幸去世。

1928年1月10日及11日，張家連續兩天在《申報》上刊出訃告報喪，訃告云：「報喪：張石銘老爺於夏曆十二月十七日酉時逝世，十九日巳時小殮，申時大殮，特此報聞。張懿德家人叩稟。」

張石銘性格儒雅，生平從不強加於人，生前對待家中的傭人如

自家人一樣，從不使人難堪，常對家人說：「他們離開了自己的父母妻子而來我家做事，已經是很可憐了，不要要求人家過高。」一旦傭人們有難事相求，總是設法滿足之，「有過惡未嘗顯斥，曰毋使人難堪也。」所以無論是帳房先生還是男傭女僕，都能誠心竭力。如今張石銘說走就「走」了，張家上下男女老少，連傭人們也都哭成一團。更有甚者，有個叫謝茂松的老僕人，原是在雲南路張家的房產裕德里管里弄的看門人，聞知老爺已歸天了，痛不欲生，竟在主人的大殮之日，真的竟自縊而隨主人「去了」。註15

由於張石銘生前為家鄉做了大量的善事，他去世後，南潯育嬰堂、養老院、施藥局、平價借米局等單位，均派員專程前來憑吊。育嬰堂的輓詩為：「最難堪者此呱呱，墜地便成失母雛；保赤心誠如己出，勝他七級造浮屠。」養老院的輓詩稱：「解衣推食感頻仍，減算延齡恨未能；我輩獲生公遽逝，始知天道竟難憑。」施藥局的輓詩是：「貧病交侵百慮煎，死生呼吸更誰鄰？於公種德傳千古，幸有高風紹昔賢。」……均是出自肺腑之言。註16

他的生前好友、親屬、後學來送輓聯、輓詩、祭幛的有200多人，其中有朱孝臧、傅增湘、于右任、顏大組、張元濟、章鈺、宗舜年、施肇曾、夏敬觀、潘飛聲、盧學溥、羅振常、董授經、徐新六、孫寶琦、潘明訓等等，均一時之名流。張靜江也特地從南京趕回上海參加悼念活動。註17

張石銘的葬禮非常隆重，按照地方風俗，靈柩在石路的大宅院裏停放了三年，然後才舉辦大出喪。送葬的隊伍乘船經蘇州河進入太湖，然後經大運河來到老家南潯鎮的西郊，將老人葬入潯溪河的一條

支流的岸邊，那地方叫直港巷村磯山圩。

　　他的後人為他營造了一個非常講究的墓園，墓塚高約3、5米，寬10米，深8米，座東向西，座落在墓園正中。墓前有偌大的供桌和石階，還有數十米長的墓道，不遠處有一條河靜靜地流過，河邊砌有石駁岸，河邊還建有石牌坊。據當年張家的墳親（護墓人）的孫媳婦、現年78歲的褚彩鳳老太回憶說，整個墓地古木蔽天，環境十分幽靜，在二十世紀50年代，還見過張家人前來上墳。可惜這處墳地在10年浩劫中被毀於一旦，現在只剩一座空曠的墓穴，聳立在河邊的菜地中。

　　張石銘的葬禮當初還驚動了一個大人物。張石銘若活著的話根本不會想到，因他根本不認識他，但是張靜江認識。這就是國民黨的新貴蔣中正，祭帳上寫的是「星隕少微」。可知其用心之良苦。

　　張石銘逝世的時候，張家南號的子孫還住在石路的大宅門裏。按照傳統老派人的說法，張石銘的七子張叔馴一房是最齊全的一房。所以作為孫子的張南琛，儘管那時才4歲，也參加了那場極其隆重的悼

張石銘（鈞衡）為西泠印社捐建涼堂，並題寫了匾額。

念活動。而其他房的庶出的後代則不能參加。如今張南琛依稀還能回憶起當時的一些細節，曾做過一段精彩的描述：

「1928年年初祖父的葬禮。一大群和尚來到我們的院子裏誦經，大人們忙著哭靈、燒紙錢……前來弔喪的人們絡繹不絕，成團成旅，等等等等，傳統的喪儀持續了很多天。最後一道儀式是超度亡靈。家族裏所有的男丁必須披麻戴孝，繞著我們的大宅院（從一個廳堂到另一個廳堂）邊走邊磕頭。我只有四歲，是家族裏被認可的最小的男嗣……中國傳統的大宅院，庭院和廳堂之間都有很高的門檻，我自己跨不過去，所以，一個僕人陪著我，把我一個門檻兒、一個門檻兒地拎過去。」

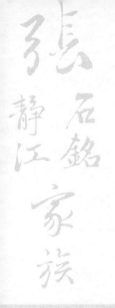

【註釋】

註1：《菱花館歌詩》（油印本），曹大鐵著

註2：《淞濱吟社甲集》，周慶雲輯印

註3：《淞濱印社集》、《晨風廬唱和詩存》，周慶雲輯印，1914年

註4：《求恕齋日記》（手稿本）劉承幹，上海圖書館古籍善本書藏

註5：《近代藏書三十家》，蘇精（臺灣），傳記文學出版社，1983年

註6：同上

註7：《藝風堂文漫存》（乙丁稿），繆荃孫，繆氏刻本

註8：《藝風老人日記》，繆荃孫，北京大學出版社，1985年

註9：《近代藏書三十家》，蘇精（臺灣），傳記文學出版社，1983年

註10：宋路霞採訪筆記：2005年10月16日訪問張石銘的孫子張澤璡於蘇州

註11：宋路霞採訪筆記：2006年春電話採訪張石銘的孫子張澤瑚於上海

註12：《中國近代最大的絲商群體——湖州南潯的「四象八牛」》，陳永昊等
　　　浙江人民出版社，2001年

註13：宋路霞採訪筆記：2006年5月20日訪問張蔥玉的妻妹顧德珍夫婦於美國
　　　舊金山

註14：《求恕齋日記》（手稿本），劉承幹，上海圖書館古籍善本書藏

註15：〈張鈞衡（石銘）哀啟〉，張乃熊等，1928年

註16：《張適園（鈞衡）先生哀輓錄》，張懿德堂編，1928年

註17：《申報》，1928年1月14日

中國人大賺法國錢的第一人

張靜江（譜名增澄，字靜江、人傑，別署飲光、臥禪，1877－1950）在南潯老家時原本一公子哥兒，據其六弟張久香在〈二兄行述〉中回憶說：「二兄幼時，性殊頑劣，而智異常童。成年即患骨痛症及目疾，雖不良於行，仍精騎術，每於故鄉南潯狹巷小街馳騁自如，見者無不驚歎，以為奇技。」（南潯老鄉中至今傳說，張靜江的腿疾根源於騎馬摔傷）又說：「二兄好弈，於燕寢之餘，圍棋解悶，兄弟相與抵掌論列是非。」又說他好交友，尚豪俠，喜冒險……故以「人傑」自名。[註1]但是真正令他出人頭地，使他在中國近現代史上留得英名的，還是在他遠赴法國之後。

光緒二十八年（1902年），張靜江以隨員的身份，隨同清廷駐法國公使孫寶琦出使法國。這一千載難逢的機緣，最初是他的丈人、前清翰林、山東學台、蘇州人姚菊岐（丙然）給搭的「橋」。[註2]

姚菊岐是晚清高陽相國、軍機大臣李鴻藻的門生，與李鴻藻的另一門生黃思永（慎之，北京工藝局總辦兼英文學校校長）為同年。有一年黃思永擺宴請客，張靜江隨同岳丈也去捧場，在宴席上認識了黃氏父子及李鴻藻的兒子李石曾（煜瀛）。張靜江與李石曾原本一南一北，相隔萬里，根本不搭界，沒想到竟一見如故，尤其對於時局和政治，兩人的觀點非常相似，於是相見恨晚，立馬訂交，時間約在1900年左右。

兩年後，李石曾獲得一個偶然的機會要到法國去了。因為李家的鄰居孫寶琦（字慕韓，晚清官員，曾任直隸道台。其父孫詒經是光緒帝師之一）將赴法出任清廷駐法國公使，李石曾通過父輩的關係，得以以隨員的身份隨孫寶琦同去。事情被張靜江得知後，他羨慕極了，覺得這對自己來說也是一個千載難逢的良機，於是通過李石曾去央告公使大人，要求也帶他同去。孫寶琦也是浙江人，好好先生一個，從不願得罪人，又素聞南潯張家賢達，於是帶一個也是帶，帶

蒲堂花醉三千客

一劍霜寒四十州

靜江二兄雅屬

孫文

孫中山先生寫給張靜江的對聯

兩個也是帶，就一併答應了下來。他在
庚子年間保駕朝廷「西狩」（庚子年即
1900年，八國聯軍侵入北京，慈禧太后挾
光緒皇帝逃往西安）是有功於的，所以
他的呈請也容易得到認可。

　　孫寶琦與李石曾等人於1902年8月29
日從北京出發，轉道天津到上海，到了
上海再帶張靜江上路。而張靜江則一不
做、二不休，索性又帶上一個助手周菊
人同去，這就使得這支公使隊伍拉拉雜
雜的，最終共達20餘人，總算於10月14
乘上法國郵輪安南號，前往法國。他們
在海上漂了一個多月後，先到達馬賽，
再換乘火車，於12月17日抵達巴黎。

孫中山先生送給張靜江的照片

　　到巴黎後，李石曾要讀書，入蒙達
頓爾農校，畢業後又入巴斯德學院及巴
黎大學，從事學術研究。而張靜江則熱
衷實業，對於出口貿易有天然的興趣，
很想以巴黎為基地，親自從事中法間的
民間貿易，並想嘗試著開拓整個歐洲市
場，與勢頭強勁的日本人一比高低。

張靜江與元配夫人姚蕙

　　居法1年後，他已瞭解了歐洲市場
上的大致狀況，決定招股成立一個貿

易公司，依照外國洋行的樣子，把中國的絲綢、茶葉、瓷器、文物等從中國廉價收購，運到法國賣大價錢。於是第2年年底回國，在親戚朋友中動員招股集資。可是那時國內華人自辦海外貿易的風氣尚未大開，人們不敢冒然投資，應者寥寥。最後，還是他父親支援了他，給了他30萬銀元，使他終於在1903年於巴黎辦起了獨資的商行即著名的通運公司，地址在巴黎馬德蘭廣場（Madeleine Square）4號，從此開闢了中國人大做法國人生意之先河。

巴黎通運公司所在地是一棟七層大樓，底層是公司經銷產品的陳列室，二層辦公，二層以上一部分出租，一部分是工作人員的宿舍，後來許多思想激進的留學生和革命黨人的聚會活動也在這裏。李石曾先生後來回憶這段生活時曾說：「我初識臥禪（張靜江），他不過二十四歲，已是『眇能視，跛能履』，雖還不是臥禪後幾年抬在椅子上的形態，但已是初步。他本生在一個富豪之家，而潛伏在內心的卻是佛而傑之大施捨家！大建設家！大革命家！大慈大悲的佛家！」「我們同船到了巴黎之後，常常一同出去，或工作或遊覽。臥禪向以大富見稱，但其行動極為隨便。那時巴黎還無汽車，只有馬車與馬拉的公用車，或火力電力發動的公用車。公用車並多用樓形，樓的上層為二等，價廉，下層為頭等，稍貴一兩個銅板。有時樓下坐滿了人，臥禪並不要改用單雇的小馬車，也不耐煩等候下一班的公用車，而運用不便之目與不便之足，手緊緊地抓住鐵欄杆走到上層。有時他與我及幾個朋友，或是他店鋪中的同事一起到樹林中去玩，從他那在馬德蘭廣場的商店，各騎一輛自行車，同穿過最熱鬧、最繁華的總統府大街，直奔樹林而去。要知道，在巴黎最熱鬧的街市，如上所舉之廣場

和大街，普通人有時還覺得害怕，而『眇能視，跛能履』的張先生居然能之，或勉強為之。見微知著，此可以看出一點他與常人不同的個性！」[註3]「（通運公司）是一座七八層的大樓，臨街部分樓上租作通運公司的辦公室，樓下為門面，下面有一個大車門，為住在院落後面樓上樓下住房租客所經過。當時張先生商店中有五六人即住在後面樓上，當時，大約有房四五間。我們朋友常常在那裏吃飯談天……那時的通運公司在巴黎商業上的地位並不太高，可在那幾年中（辛亥革命前）貢獻於民國與社會文化則實在很大。那時候，比通運公司大多少倍的大商家，卻都沒有他那樣的精神和魄力。所以，國父著中稱之，非偶然也。」[註4]

通運公司最初只是運銷生絲和茶葉，後來發展到綢緞、地毯、漆器、竹器、牙器，以及名貴的古董、字畫、玉器、瓷器和青銅器，於是生意大旺。

那時他們也許並不知道，他們無意中撞上了一個外國人睜開眼睛看中國藝

張靜江雖患腿疾，但騎自行車卻是好手。

術品的時代。那時上海雖然已經開埠60年了，但是當時到中國來的那些生意人和傳教士，只是知道中國的絲綢、茶葉、瓷器是好東西，而對中國的古代藝術還不瞭解。自從1900年庚子事變後，八國聯軍從北京的圓明園、頤和園及紫禁城中搶走了大量中國古代的藝術品之後，這下讓西方的收藏家、藝術家、考古學家如夢初醒，眼界大開，原來中國還有這麼燦爛的古代文化，還有這麼多豐富的藝術品！因而中國文物一下子成了歐美市場上的走俏商品。利益所趨，致使文物大盜斯坦因和伯希和，先後不惜深入西部大漠，去敦煌莫高窟淘金淘寶，他們盜走的唐宋年間的珍貴經卷都是用馬拉驢馱的。接著就不斷有西方的考古團和調查團深入中國內地，所到之處，他們總有所獲……張靜江等到達法國的時候，正是1900庚子年後的第2年，也就是西方人正在急吼拉吼地大肆搜刮中國古代藝術品的時候。

那時美國的關稅制度，對於一切古代文化藝術品都給予免稅進口的優惠，中國文物的走俏就勢在必然了。當時中國還沒有像後來這樣完整的文物法規，文物不但沒有級別上的鑒定和管理，除了皇家藏品，還有大量的在各級官員和民間收藏家手裏，甚至還有很多散置在山川田野和老百姓家裏，處於放任自流狀態。洋人的插手，市場的紅火，管理上的漏洞，這都大大刺激了張靜江的胃口，所以除了出口絲綢、茶葉和瓷器之外，他看準了行情，在文物和藝術品的經營上很下了一番功夫，這使他財運大發。

有一次他手下的人在山西某地，用10元錢買了一隻宋代的瓷缽，運到法國後很快就以1萬美金脫手。

又有一次在寧波某寺院，他在國內的「收貨」人花了300元，

向一僧人買了一個身高1公尺的白瓷蘭彩的觀音菩薩像,其瓷質的細潔,色彩的亮麗,造型的生動,世間罕有其比。此菩薩是廟中之寶,經辦者深恐被人發覺而阻止運出,於是在得手的當夜急急運至上海,又乘最近的一班輪船運往美國。這個白瓷觀音一到紐約,當即就有人出價20萬美元收購。而張靜江良心還要「狠」,非50萬美元不賣。註5後來這個白瓷觀音在張靜江家供奉了幾十年,始終沒有捨得賣掉。在張靜江的夫人朱逸民去世之前,把它捐獻給了紐約郊區的一個大廟(由著名船商沈家楨先生捐建,廟裏有幾十米高的菩薩),該廟特意為之建一座觀音堂,供大家瞻仰。

通運公司後來在紐約和倫敦都設有分公司。紐約公司的經理是張靜江的妻弟姚叔萊。通運在上海也設有分公司,地址初在南京東路靠近外灘的鴻仁里,即張家的同鄉、南潯劉家三房劉梯青的老根據地,後移至福建路408號。他的不少親戚和同鄉都是他的幫手。註6

後來,通運公司的茶葉部業務一再延伸,在巴黎繁華的義大利大街上開設了一家開元茶店,其陳設之豪華、民俗風情之濃郁,在巴黎首屈一指,成為當時人們到巴黎旅遊觀光的必到之處,最後竟發展成為中西文化交流的一個高級沙龍。而革命黨的許多重要會議也曾在這個茶館裏召開。註7

那時張靜江得天時地利之助,不僅貨源充足,而且每兩個月就可以銷出一批貨,1年可周轉6次,其獲利之巨,可以想見。總之,張靜江在巴黎的確旗開得勝,鈔票不知賺了多少,成為中國人大賺法國人錢的第一人。用他的賬房先生李力經的話來說就是:「獲利之巨,無法估計。」註8

旅法華人中的「三劍客」

　　發了財的張靜江並不像一般的商人那樣，或者守著金山銀山，或者把賺來的錢去作更大、更多的投資，用錢再生更多的錢。他最為難能可貴的是，做生意並不是純粹為了賺錢，而是把賺錢作為服務自己的理想的工具。從某種意義上說，他既是一個商人，又不像一個商人，因為在他身上，追求真理、嚮往革命、改造社會的細胞，遠遠多於純商業的細胞。許多人是因為沒有飯吃，活不下去了才揭竿而起，走向革命的，而張靜江則是拿著大把大把的錢財，主動捐獻給革命隊伍，有意識地、義無反顧地走向了革命，最終把自己全部的家當全都「賠」了進去。這可能也是西方人稱他為「怪人張」的原因之一。民國元老之一、老同盟會會員馮自由先生說得好：「觀靜江為人，自投身革命黨以來，只盡義務而不問權利，三十餘年如一日，孫總理初遇之舟中，即稱之曰奇人；及後更譽之曰革命聖人。就靜江生平言之，誠非虛譽。」註9

　　當然，從一個公子哥兒到孫中山先生的忠實信徒，張靜江的思想有個發展過程。他初到巴黎時，除了做生意，還是個思想非常激進的無政府主義者（主張無政府、無宗教、無家庭），這與他接觸的人和所處的環境大有關係。

　　人的命運有時會因一些意想不到的偶然因素，而變得異彩紛呈、波瀾壯闊起來。張靜江一生的經歷就跟他的幾次奇遇有直接的關係。如同他在北京的宴會上遇到了李石曾，從而帶出了他赴法經商的經歷一樣，他於1905年春天在法國又遇到了吳稚暉（吳稚暉慕名前去訪問張

靜江）。這一相遇非同小可，把一個商人的張靜江，變成了一個革命黨人和辦報人——著名的世界社以及世界社的機關報《新世紀報》（周報）由此而誕生。

　　當時的巴黎，正是各種社會思潮的薈萃之地，無政府主義是當時社會主義思潮中的一個派別。張靜江受到無政府主義宣傳的影響，結識了一些無政府主義陣營裏的某些學者，逐漸接受了蒲魯東、巴枯寧和克魯泡特金的學說。他品性率真，思想銳進，言論開放，立論怪特，儼然以中國無政府主義思想宣傳家自居，甚至在公開場合也無所顧忌，口無遮攔，大發議論，逐漸在留學生中出了名。他那關於「無家庭」的說法，比起他的兩位好友李石曾和吳稚暉似乎更加來得「煞根」（徹底）。其關於男女關係之界說，尤其顛人魂魄，有道是：「世人過分重視性的關係，最為錯誤。蓋社會所以劃分男女關係，如此明顯，乃傳統的習慣使然，而種種罪惡即緣是產生。此種習慣未嘗不可改革，譬如我

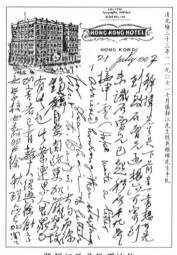

張靜江致吳稚暉的信

們的手可行握手禮，口可以行接吻禮，則性的關係又何嘗不可用以行禮乎？」[註10]那時還是二十世紀初，中國人的思想還在孔孟學說的軌道上，不知那些穿長袍、梳長辮的人們聽之，有沒有昏過去？

　　但是由於他的公開身份是清廷駐法國公使館的一個外交官，又與公使大人孫寶琦有特殊的關係，所以他的無政府主義言論就受到了懷疑，甚至有人懷疑他是清廷派到旅歐學界的間諜。有一年比利時在烈日城舉辦博覽會，張靜江隨公使大人孫寶琦前往參觀。他在參觀過程中逢人必談革命，引起留學生們對他的懷疑和反感，那次竟遭到了圍攻，還差一點挨了打。這使得張靜江的處境十分尷尬，他沒有料到事情竟會是這樣。但是他很快以實際行動表明，自己的確是個主張思想解放、實行社會改革和東西方文化交流的革命派。

　　其實，當時的留學生們有所不知，他們的公使大人孫寶琦並不是老朽，更不是鐵板一塊，甚至也是一個同情革命、思想開放的開明人士，他甚至在他的駐法公使的任上還救過孫中山先生一命，避免了一場本該出現的「孫中山巴黎蒙難記」（1896年孫中山曾在英國倫敦蒙難）。這件事不少文獻上都有記載，但是少有人知道，這其中與張靜江也很有關係。

　　1905年春天，孫中山前往美國和歐洲，在留學生當中聯絡革命同志，發展興中會（同盟會的前身）的盟友，為同盟會的正式成立作組織上的準備。先去美國，又到比利時、德國、法國和英國。在法國巴黎時，聯絡發展的盟友先後有湯薌銘、向國華、王登科、王相楚、馮承鈞、王鴻猷、高魯等，大家表示同意孫中山提出的「驅除韃虜，恢復中華，創建民國，平均地權」的革命綱領，依次填寫誓約，並當眾宣

誓。可是，其中有些人革命目標並不很明確，立場遠未堅定，入盟宣誓不久就反悔了，遂作出一件驚人的傷天害理的事情，致使孫中山先生在與法國殖民大臣商談事情時，突然發現自己的小皮箱被人用小刀割開過了，而裏面所有的盟員登記表，以及與越南（安南）政府的有關信函、文件均被竊空！

孫中山先生大吃一驚，後來才知道，是湯薌銘、向國華、王登科等人幹的。原來他們加入了孫中山先生的興中會之後，很快就反悔了。有一天，他們藉口向孫先生討教革命的方法，把他誘騙至一咖啡館裏閒聊，在閒聊過程中，湯薌銘與王相楚二人藉故先行離開，行至孫先生住的旅館行竊。他們用小刀把孫先生的皮箱割開，把竊得的文件送到公使館孫寶琦面前告密邀功，介紹說，這裏面有全部的孫氏「亂黨」的名單，還有孫氏與法國政府交涉關於越南（安南）的來往書札，極為秘密，「現在孫氏正在我們手裏，公使大人一句話就可把他扣下，向朝廷稟報。」孫寶琦聞之大驚，但他絕不想興此黨獄，就命公使館的參贊吳宗濂（一說是李石曾）會同二王，將這些文件還給了孫中山先生，並送上川資，勸他為安全計，趕快離開吧。^{註11}^{註12}

於是，這樣一件原本可以釀成「孫中山巴黎蒙難記」的重大事件，就被思想開明的孫寶琦大人給悄悄化解了。當時張靜江正在孫寶琦的公使館中。民國元老之一馮自由先生敘及此事時曾說：「……一場風波遽爾平息，時張人傑（靜江）方任巴黎使館商務隨員，雖未與革命黨正式發生聯繫，然其人思想新穎，家資富厚，頗得孫寶琦信用。或（有人）謂寶琦之所以不加追究，乃張靜江與使館參贊夏循均二人之力，似非無因也。」^{註13}可知張靜江在認識孫中山先生

之前，就已經深知其人，並且參與保護他的活動了。數月之後，他與中山先生在一條海輪上相遇，執意一定要與孫先生面談，可知是自然而然的事了。

張靜江最好的朋友之一吳稚暉也是一個傳奇人物，其性格上的豪邁不羈，比起張靜江來大有過之而無不及。他大張靜江12歲，曾參與創辦愛國學社，又為《蘇報》撰文抨擊清廷。1903年《蘇報》案發，他被懷疑告密而出走倫敦、巴黎，當時也是個無政府主義的宣傳家。他與張靜江的見面頗似當年李石曾與張靜江的見面，兩人一見面就長話不止，感慨萬分，幾乎在所有的問題上都能看法一致，一拍即合。他們兩人又都認識李石曾，共同語言就更多了。

張之識李，已如前敘。吳之識李，則首先是因認識了李石曾的父親李鴻藻。當初吳稚暉參加壬辰科（光緒十八年）會試時，李鴻藻就是四總裁之一，因此亦可以師生視之。所以在李石曾在赴法前到上海等乘法國郵輪時，即去訪問過吳稚暉。現在，他們三人都到了巴黎，來到了一個無政府主義思潮盛行的、最適合他們的性情發展的自由世界，他們的滿腹經綸就算找到共同的噴發點了。註14

為張靜江管過30年賬的賬房先生李力經在〈漫談張靜江〉一文中說，吳稚暉終年布衣大褂，手攜布傘，說話口無遮攔；李石曾亦是一樣的落拓不羈，蓄著滿口大鬍子，在上海住在張家時，張家的傭人從其床底下發現一大堆髒衣服。他衣服髒了從不交傭人洗，而是上街買新衣服穿。

儘管如此，他們三人還是非常情投意合的，所以他們合作的產物很快就誕生了。1906年，張靜江與吳稚暉、李石曾、蔡元培在巴黎創

建了著名的世界社，接著又創辦了《新
世紀》（周刊）雜誌（吳稚暉擔任主編，
張靜江供應所需經費）。該刊的宗旨，
在其創刊號的「趣意」中指明：「本報
議論，皆憑公理與良心發揮，冀為一種
刻刻進化，日日更新之革命報」。還出
版新世紀叢書和大型知識性畫報《世
界》，以此為宣傳無政府主義的基地。
這些刊物在宣傳無政府主義的同時，還
大力鼓吹革命排滿的思想，反對君主立
憲的主張，廣泛地介紹了世界各國的革
命壯舉，地理風俗，民主制度，猛烈抨
擊了清廷的專制制度，號召進行社會革
命。《新世紀》周報與同盟會在日本的
《民報》遙相呼應，產生了強烈的社會
效果。

張靜江等在法國的明信片（1）

　　《新世紀》周刊一直出版到1910
年5月，終因財力不濟，無法支援，只
好停刊了，共刊行了121期。《世界》
畫報第一期就印行了1萬冊，第二年出
版第2期，還增刊近代世界60名人傳。
這些書刊，都曾在旅歐知識界風行一
時。註15

張靜江等在法國的明信片（2）

他們這三個人勇於任事，敢作敢為，思想銳利，行動果敢，在歐美華僑中影響深遠，也就成了旅法華人中勇敢的「三劍客」。

自然，所有辦雜誌和出版圖書的錢，都是張靜江掏腰包。為此，他還不遠萬里，親自東歸籌辦具體事項，其中最為不易的是，將中文字模和一中文排字工人從新加坡帶到巴黎，時間是在1906年春天。為了更好地把這些書刊在國內廣為發行，張靜江還以其夫人姚蕙的名義，在上海成立發行所，並由姚慧擔任《世界》畫報的發行人。

張靜江的侄子張乃鳳先生在他的《讀「絲」隨筆》中說：「《世界》畫報，我在南潯時看過這個畫報。畫報的大小跟現在的《人民畫報》相仿，印刷精良不亞於現在的《人民畫報》，共七八頁。姚蕙（張靜江夫人）任主編。該畫報滿載彩色相片，主要為暴露滿清政府的腐敗，宣傳革命，介紹歐美文化和風景。還記得有一張康有為的相片與類人猿相對照，其他記不起來了，畫報很美麗。」

這個世界社後來在上海望平街204號設立分社，幾十年間做了很多推動中外文化交流的事情，在中外產生了廣泛的影響。該社曾代表中國參與各項國際教育文化會議，與有關方面合作，辦理「勤工儉學會」，先後創立了里昂中法學院、北平中法大學、上海藥學專門學校、上海世界學校，以及在日內瓦、上海和紐約的中國國際圖書館等，還在上海福開森路（今武康路）霞飛路（今淮海中路）建築世界大廈和世界文化協會會所……

其中，上海世界學校是世界社創辦的一所非常有創意的新型學校，被認為是中國教育界的一朵奇葩。該校學制7年，教材和教學方法都自成系統，從小學一年級就開始學法語，三年級時，中文、英

文、法文並舉，延聘了一批絕對有責任心的中外教師任教，目的是培養優秀的出國深造的人才。按原計劃，學生在該校畢業後可直升日內瓦世界大學（此計劃由於抗日戰爭爆發而未能實現）。張靜江的大女兒張蕊英曾在這所學校教過法文，張靜江的一個外孫陳平（張靜江的三小姐張芸英的大兒子）是這個學校的二期畢業生。現在，儘管這個學校早已不存在了，但是校友們始終保持著聯繫。

耐人尋味的是，在後來發生的「四·一二」事變（1927年）中，張靜江是主張「清共」的主要骨幹之一，但是他所創辦的世界社卻掩護了大批中共人員赴法國勤工儉學，客觀上保護了大批中共地下黨員，其中有鄧小平、陳毅等重量級的中共領導人，這些人回國以後仍舊是國共鬥爭中的將帥。現在已經整整80年過去了，這裏面的奧秘，恐怕只有他們自己知道了。

與孫中山先生邂逅於船上

當張靜江往返東西方之間，為他的貿易和出版而辛勤奔波的時候，他一生中最重要的一次相遇出現了，這就是在茫茫大海上，在一艘海輪上，他與孫中山先生不期而遇，時間是1905年夏天（依楊愷齡《民國張靜江先生人傑年譜》說），同盟會在日本正式成立後，孫中山先生往返歐洲進行革命活動的途中。

據胡漢民後來回憶（載周賢頌〈紀念張靜江先生百歲冥誕〉）說，這年夏天，孫中山先生為了開展革命活動，乘船往返於日本和歐洲之間，在一艘海輪上遇到了張靜江先生。「彼時，他是清廷駐法國公使

孫寶琦的商務隨員，要求和國父談話，國父有戒心，回避他。不意靜江先生在甲板上攔住國父，說：『你不要瞞我，我知道你是孫文，你不要以為我是反對你的，我卻是最贊成你的人！』」攀談之後雙方有了瞭解，最後靜江先生與孫中山先生約定，將來如果革命起事需要用錢的話，可拍電報給他，並約定暗號，如拍「A」字即是1萬元；如拍「B」字即2萬元；「C」字則3萬元，以此類推即是。孫中山先生將他的地址記在了小本子上，當時並未在意。

1907年孫中山先生前往河內，計劃再次發動起義時，經費沒有保障，他忽然想起了張靜江，對胡漢民說：「我上次在船上碰到一個怪人，腳微蹺，說要幫助革命，約定三個字，第一字即一萬元，第二字為二萬元，我怕此人是清廷的偵探。」胡漢民聽了則說：「反正橫豎不虧本，拍個電報試試又有何妨？」於是按張留下的地址拍一個字的電報，不多時果真一萬元匯到了。過了一些時日，又拍出第二字、第三字，錢均如數收到。不僅如此，在孫中山領導的多次南方的武裝起義中，包括1911年3月廣州黃花崗武裝起義中，還有革命黨人彭家珍炸殺清廷大官僚良弼，以及藍天蔚在關東起義等行動中，均得到了張靜江財力上的大力資助。[註16]只要孫中山有電報來，或是其他人遵照孫中山先生的指示打電報來，他從不回絕。

1907年孫中山先生連續幾次接到張靜江的匯款後，曾讓胡漢民代筆函謝張靜江，並詳述軍事行動及款項開支情況，張靜江則覆信說：「余深信君必能實行革命，故願助君成此大業。君我既成同志，彼此默契，實無報告事實之必要；若因報告事實而為敵人所知，殊於事實有所不利。君能努力猛進，即勝於作長信多多。」[註17]以後孫中山有

急需求援，他總是如期按數匯到。所以孫中山曾說：「自同盟會成立之後，……始有向外籌資之舉，出資最勇而多者，張靜江也，傾其巴黎之店所得六、七萬元，盡以助餉。」後來張靜江因骨痛病加劇，在家養病時，孫中山先生還特意推薦留德回來的名醫李其芳為其診治，勸張安心養病，並在信中說：「俾貴體恢復常態而再出為國盡力，這豈是一人之幸，實為吾黨之大幸也！」（原信現存南京國家第二檔案館）。

現在人們可能覺得幾萬元錢算不上什麼大數目，這主要是因為不同時代的幣值的關係。二十世紀20年代，中國市場上的雞蛋才賣1分錢一個（在二十世紀初恐怕價錢還要便宜），而現在的雞蛋已經賣到4元1斤。如果以一斤雞蛋稱10個的話，那價格就漲了40倍。若按《中國貨幣史》（彭信威著）中的計算方式，以中國大米的實際購買價格來換算的話，當時的1塊銀元就相當於如今的145元人民幣，或者19美元。如此推算下來，那時的1萬元就相當於如今的145萬元；那時的10萬元就相當於如今的1450萬元。而張靜江一生對革命事業的捐獻，實際上已經超過了100萬元！

另外，如果世人明白孫中山先生在獲得張靜江援助之前所處的經濟困境，瞭解在當時為革命集資籌款是一件多麼繁難困苦的事情，就會更加明白張靜江這「奇人」、「大手筆」的存在價值，同時也就更清楚他的贊助在當時的重大意義了。

民國元老之一馮自由先生在《革命逸史》（第二集）中，用了不少篇幅來敘述孫中山先生於辛亥革命之前，奔赴世界各地為革命辛苦募捐的事情。他寫道：「總理脫難後（指1904年3月孫中山到舊金山入

關時被海關扣留在木屋裏，數日後才被洪門致公堂的朋友們保出）……先是總理在檀香山時已預印就革命軍需債券若干，為到美募餉之需。嗣抵舊金山，始知華僑風氣尚極閉塞，其開通者非屬保皇會員，即為基督教徒，乃商諸黃三德（致公堂舊金山總堂主盟）、伍盤照等，擬措資印刷鄒容著《革命軍》一萬一千冊，分寄美洲及南洋各地僑胞，以廣宣傳。黃伍等均表同情，並由中西日報擔任排印，定價五百元。書成後，總理以所訂五百元印費無從籌措，乃請致公堂報效寄書郵資，而中西日報則不收印費，作為捐贈。黃伍等慨然從之……是日總理於說明革命主義之後，提議請座眾購買革命軍需債券，謂『此券規定實收美金十元，等革命成功之日，憑券即還本息一百元。凡購券者即為興中會（同盟會的前身）員，成功後可以享受國家各項優先利權』云云。各教友對於購券事，均甚贊成，惟聞凡購券者即為興中會員一節，多談虎色變。謂吾輩各有身家在內地，助款則可，入會則不必。總理乃謂此舉志在籌餉，入會與否，一惟尊便……於是各教友先後購券，得美金二千七百餘元。就中以華生隆號司理雷清學所捐二百元為最多，福和號廚子劉伯所捐十元為最少……未幾鄺華汰復在卜技利埠募得一千三百餘元，其後總理偕黃三德周遊美國各地，即恃此款為旅途之需。總理原欲在美奠立興中會基礎，惟結果所得，正式宣誓入會者只有鄺華汰一人，殊非初意所及料。」

　　書中又有云：「每逢內地預備舉事之前，中山先生必來函報告。一日囑購軍火，於是賀之才四出張羅，卒得奧國退職軍官某擔任接濟步槍三千枝，取價甚微，事以垂成，後因款項不濟，遂中止。」

「……（賀之才）函邀孫總理赴歐共商國事。嗣聞孫總理方勾留紐

約，以缺少川資未能克日就道，遂由比、法、德三國學生盡力湊集，得八千餘法郎，電匯孫總理作旅費之需……」

近年來出版的《中國國民黨全書》（陝西人民出版社）中講到辛亥革命之前的歷史時，也多次談到當時籌款的艱難，孫中山先生不得不親自奔赴各地籌款。1910年11月孫中山先生在南洋召集同盟會骨幹開會，會議決定籌募巨款，計劃在廣州舉行大規模武裝起義。可是當具體募捐時，才募得8000元。不得已，黃興、胡漢民、鄧澤如等只好分赴南洋各地，繼續募捐。這8000元的籌款成績已經作為大事，載入了《中國國民黨大事記》註18。

至於孫中山先生在美國芝加哥為革命募捐時遇到的種種尷尬，就更加令人感慨萬分。芝加哥老華僑梅斌林在〈關於辛亥革命前孫中山在美國芝加哥活動的回憶〉一文中談到：「由於保皇黨的活動，孫中山先生在芝城的革命宣傳工作受到很大影響。首先是芝城的華僑上層人物，有些不但對孫中山的革命事業，不肯拿出一文錢，而且還攻擊孫中山是『車大炮』，華僑中層人物有些對孫中山之來，也很冷淡……支援孫中山的只有那些華僑的下層群眾，但是他們一天到晚忙於找生活，不能在經濟上給孫中山以很大的支援。」「孫中山的這些宣傳鼓動，雖然有些僑胞表示贊助，也拿出些少錢來支援，但不少的是表示冷淡，有些聽了之後，則嗤之以鼻，甚至予以嘲笑。有些則乾脆拒絕孫中山去訪問。當我陪孫中山挨家挨戶去訪問的時候，我看到不少商店僑胞，眼看孫中山行將走來，立即關起店門，給孫中山一個閉門羹。有一天上午，我陪著孫中山走到一家門扉半掩的洗衣館門口，正準備舉步進去訪問的時候，猛不防裏面走出一個洗衣館的僑

胞，一手拿著燙衣服的燙斗，一手指著孫中山氣勢洶洶地說：『你不要進來，我不聽你的車大炮，你要進來，我就用燙斗擲你！』孫中山一聽，對那位僑胞很誠懇地笑笑，點點頭，走向另外一家商店去了。」

曾追隨孫中山在海外活動的胡漢賢在〈中山先生的海外革命活動〉一文中也有類似的記敘：「當孫中山先生流亡海外進行革命工作之初，很多人還不大相信先生的革命號召，不相信革命能夠成功，不少人就索性把中山先生成為孫大炮（廣東人稱只會空口說白話、瞎吹的人做大炮），看見他來了，就譏笑著說：『孫大炮又來騙錢了！』有一次，中山先生在加拿大一間華僑餐廳吃飯，其中有一個華僑，有意為難中山先生：『孫文！孫文！你說要打倒清朝，請問你用什麼兵力去打呀？』中山先生微笑著回答說：『鄉親！我們有辦法的，打倒清朝很容易，我們的軍隊多著呢！』『哈哈！什麼軍隊？我只見你一個人在這裏吃飯！』『是的，我們有很多軍隊』，中山先生幽默地回答說：『清朝的軍隊就是我們的軍隊，清朝皇帝在給我們訓練軍隊呢！』『哈哈！真是孫大炮……』別的人哄笑著……」說明孫中山先生那時面臨的處境的確極其困難。

　　……

所以，當張靜江的成萬、數萬的匯款匯到時，孫中山先生當然非常興奮，先是贊其為「奇人」，民國後又稱其為「民國奇人」，以後又稱其為「革命聖人」，並題「丹心俠骨」相贈，無疑說明了張靜江在當時極其嚴峻的形勢下，所作出的非凡的貢獻。

從那以後，張靜江的政治傾向漸漸從無政府主義，走向了孫文學

説的三民主義，他口袋裏的鈔票也就有了更為廣闊的用途。

傾其所有，贊助革命

　　世人皆知張靜江是傾其所有贊助革命的功臣，但究竟贊助了多少，向無具體之統計。近期筆者通過大量的調查，又參考了為張管理了30年賬務的李力經先生的回憶錄（《漫談張靜江》），方才有了些具體的印象。這些資料證明，張靜江不僅從經濟上大力支持孫中山先生，孫中山先生逝世後又鼎力支援蔣介石。從他到法國創辦通運公司，到國民黨北伐戰爭勝利這幾十年間，處處都顯示了他超乎尋常的經濟才幹和捨家取義的大手筆。

　　除了在海外的大筆捐款，在上海時張靜江亦是如此。據李力經先生説，二次革命時，張靜江正在上海。陳英士率兵攻打上海製造局時，張負責後勤供應，為籌措各種軍需，兩天兩夜未合眼。李力經又説，在他擔任張的賬房後，曾看見有一木箱的滬軍都督府的公債票。當時曾有人勸張，可將這批公債票向國民政府索款，但張不同意，説是他在辛亥革命以前就為革命用去許多錢，從未去要過。這些公債票是陳英士在上海起義時的一部分墊款，就更不必去計較了。於是就關照李力經燒掉算了。燒掉的時間是1932年春天，由李力經親自辦理的。究竟燒掉了多少公債票，也就是説，滬軍都督府時期他究竟贊助了國民政府多少錢，已永遠是個謎了。

　　李力經還説，張靜江不僅傾力支援革命，國民黨中一些高級人物私人向他開口借貸時，也總是有求必應。張在辛亥革命後最初住在上

海南京路西藏路的大慶里，後遷至成都路的廣仁里，不久又遷居武定路的鴻慶里，最後才搬到馬思南路的花園洋房里。

在大慶里時，蔣介石常來向他私人貸款，每次二、三百元不等。每逢年終時，蔣總要張的賬房間抄一賬單給他，煞有介事地像要準備還錢的樣子，可是從來沒見他來還過。其他借錢人基本也是如此。李力經接手正賬房時（最初是副賬房），發現賬面上應收的款項內，絕大部分是私人借款，諸如戴季陶、蔣介石、于右任、周佩箴、孫科、宋子文都赫然在內。可知這些人見張是個「大手筆」，久借不還已是常事。後來因為這些「呆賬」常年「掛」在那兒，已成為賬務上的累贅，李力經就請示張該如何處理，張竟說：「看來都是些爛賬，算了嗎，不必再記，把它全部勾銷了吧！」於是一筆勾銷，人們更可以有借無還了。

而事實上，張靜江並非永遠是富翁的，相反，他始終在為民國尷尬的財政絞盡腦汁。早在辛亥革命之前，他在法國的通運公司，因多次為革命大筆匯款而發生資金周轉不靈，當時的同事又因這樣的匯款漫無節制而對張靜江心存不滿，終於導致一些人跟他分道揚鑣，另立門戶。他的開元茶葉店也因同樣的原因而賣掉了。

於是他聯絡中外友人，籌措舉辦通易銀行，可惜並非所有的人都熱心革命，投資者大多熱衷近利，取觀望態度，終使這個銀行流產。1914年第一次世界大戰爆發後，歐洲成為戰場，貴族們人心惶恐，保命要緊，中國的絲綢、瓷器、古董等不再是人們爭相搶購的奢侈品，況且因戰事交通阻滯，張靜江在巴黎的生意自然受到巨大的衝擊，他不得不再次東歸。但那時國內民國初建、南北對峙，袁世凱在北京坐

上了大總統的寶座，時時夢想復辟帝制當皇帝，孫中山先生領導的革命，的確「尚未成功」，正是大量用錢的時候。1915年，張靜江被孫中山先生任命為中華革命黨的財政部部長，居上海經商籌款，部長職由次長廖仲愷署張代行職權，而張肩上的經濟使命就更重了。

革命軍隊所需的款項是巨大的，不得已，後來只能以他的信譽和影響，向海外華僑借貸。據1917年1月31日張靜江通電各地的報告說，借款的總數已達日金174萬；英洋111萬；另借日本人久原房之助私人款日金80餘萬；犬塚信太郎15萬；山田純三郎5萬；還有國內借款若干。後來，不僅他在巴黎的開元茶葉店賣掉了，在上海馬思南路的6幢花園洋房也賣掉了，全都成了革命的經費。所以後來人們稱他是「毀家襄助革命」，實不為過。

事實上，張氏家族中，不僅張靜江本人多次向革命大筆捐款，南潯張家的其他人，如張石銘、張弁群、張乃驥等都曾經在張靜江的帶動下，多次向革命

陳其美寫給張靜江的收條

事業大筆捐款。

　　根據現在的不完全統計，張靜江本人對國民革命的捐款總數達到了110萬兩白銀，這個數位按實際購買力的比價，如果折算成2006年的錢款，大約相當於2000多萬美元。張氏家族其他成員在這一時期的捐款大約為20萬兩白銀。所以，張氏家族對國民革命的捐款總數，大約在130萬兩白銀以上，相當於2006年的2600萬美元。當然，這僅僅是一種計算方法。

　　還有一種計算方式，是從貨幣發行量的角度來計算的。如果對比一下1900年－1915年和2007年的貨幣供應量，就會發現，當時的130萬銀元，相當於2007年的1億4500萬美元。[註19]

　　這個數位意味著，張氏家族的捐贈在國民革命中的確意義非凡。雖然國民革命遲早總會成功，但是，在當時如果沒有張氏家族的財政支援，孫中山先生面臨的困難是可想而知的，也許歷史需要改寫也說不定。

　　實際上，通運公司在大家拆夥後還有一個漫長的餘波──張靜江的小舅子姚叔萊（姚蕙的弟弟）仍舊坐鎮公司大本營，而原在張靜江家裏當大菜師傅的盧芹齋和在張家典當鋪當「朝奉」的吳啟周（吳啟周的母親是張靜江的弟弟張澹如的奶媽），他們自行在巴黎先後辦起了來遠公司和盧吳公司，繼續從事文物的出口貿易。也許他們不願被張靜江的革命需要所牽累，也許他們原本與張就不是一條心，總之，通運公司後來是走下坡路了，但盧吳公司卻還興旺。他們中的主要人物除了盧芹齋和吳啟周兩人之外，還有一個吳啟周的外甥葉叔重（蘇州人，人稱葉三）。他們的分工是，盧坐鎮巴黎銷貨，吳在上海辦貨，葉則中

間跑運輸，同時也到北京「搜貨」。他們都曾發了大財，尤其是盧芹齋，在後來的半個世紀中，儼然歐美古玩界的權威人物，聲名顯赫。

浙江省長上任後的第一件要事

1913年，當袁世凱派人刺殺了宋教仁，並下令解散國會、撕毀《中華民國臨時約法》、發動內戰的時候，同時在全國通緝捉拿國民黨重要人物，張靜江也名列「亂黨」之列。他本人在南潯鎮的住宅被查封，在上海的資產也受到「監視」，頗有「山雨欲來風滿樓」之勢。他的族人見勢不好，生怕受到連累，因為所謂張靜江的財產，有些實為尊德堂的公有財產，是大家庭兄弟們共有的。為了保全共有財產，張家東號的族人們曾聯名向吳興縣政府呈文，要求驅逐張靜江出族，不認其為弟兄，請求備案。這在張氏大家庭中是件不得了的大事情。

張靜江時在廣州參加孫中山先生領

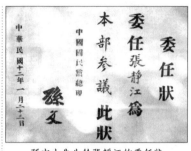

孫中山先生給張靜江的委任狀

導的討袁運動，風聞「後院起火」，極為震驚，並牢記在心。

然而「十年河東，二十年河西」。14年之後（即1927年），國民黨北伐勝利之後，張靜江又來到了上海，並當上了浙江省政府主席，當年的「通緝犯」一下子成了政府大員，形勢遂大變。據李力經先生說，他上任後的第一件事，就是向吳興縣政府，調閱「南潯鎮張氏弟兄驅逐張人傑出族」的全部檔案，閱後並囑咐秘書「此件要傳之子孫，存入銀行保管箱！」[註20]

此話一出，張氏族人們慌作一團，趕緊擺下宴席，歡迎他衣錦還鄉。張靜江內心雖未釋然，但面子上還是要順水推舟的，即席作了一番講演，主要內容是請父老鄉親為革命捐款，他說：「革命是破壞工作，現在破壞成功，我要開始建設了，請諸位多多幫忙！」大家自然

張靜江（坐者）與他的同事。中排右起：孫科、陳友仁、蔡元培、汪精衛。

一致鼓掌，一致擁護。後來張靜江在大辦建設的時候，果真借助了不少家人和同鄉的經濟力量。

至於那一份宗卷，張靜江命李力經一直保存到解放後。1955年時，連同他所有的股票、合同、單據等檔案，均被上海法院取走了，現在大概仍在法院的歷史案卷中，也有消息說，已經被南京國家第二檔案館囊括去了。

孫中山先生的摯友

陳立夫先生在張靜江百年冥誕時寫的紀念文章中說：「餘生而有幸，得親見我國現代史上之三大偉人。其一曰國父，彼憑藉其最高度之智慧，赤手空拳，以思想領導國民革命，救回垂危之國家與民族。其二曰總統蔣公，彼以軍事之天才，於兩三年內，以寡勝眾，平定軍閥，完成國家之統一，復以強弱懸殊之軍力，長期抗戰，擊敗日本之侵略，遂能取消不平等條約⋯⋯其三曰張靜江先生，彼既以其富裕之家資，協助國父革命；復以其豪邁之氣魄，協助蔣公主持全國建設委員會，以有限之經費，為國家建造若干鐵路，開發若干礦產，成立若干電廠及無線電臺，並規劃導淮灌溉等大規模工程，為實現國父實業計劃開其端。其時政府苟能寬籌經費，聽其發展雄才，則國家早已由農業進入工業化⋯⋯。」又說：「靜江先生乃國父摯友，其意氣之豪，魄力之大，時賢罕有其比，故國父曾有『滿堂花醉三千客，一劍霜寒四十州』一聯書贈，而靜江先生對於國父遺教，乃最能信守力行。」[註20]

張靜江天生是那種危難當中顯真情的人，越是在困難的時候，就越能顯現他的品行的高貴。他與孫中山先生相見於革命處於低潮的時期。當時同盟會還剛剛組建，根本還看不到成功的曙光，眼前最棘手的事情也是最簡單的道理就是，武裝暴動要槍、要糧、要子彈，組織部隊要軍餉，沒有這些物質基礎，武裝奪取政權就是一句空話。孫中山先生作為一個「赤手空拳」的思想家，革命的先行者，不僅需要錢來組織軍隊，需要張靜江的幫助，而且，有時他自己的生活也需要張家關照。

張靜江的侄子張乃鳳先生在他的《讀「絲」隨筆》一文中曾講過這樣一件事。他說：「孫中山在巴黎時，可能有時就在張靜江寓所開會，而且會後住宿在張靜江家裏。為什麼我這樣說呢？請看下面的一件事。張靜江全家從南潯去巴黎居住時，他們的大女兒蕊英、二女兒芷英可能才五六至多七八歲。那時南潯街上常看到要飯的，南潯方言叫做告化子（南潯方言「叫」字音讀「告」）

孫中山先生送給張靜江的照片

靜江兄左右 面粵稱又病近來反劇行動更不自由殊用為念茲有醫生李其芳新由德國回來醫學甚深據稱近日德國發明新法用藥注射可愈此病彼曾覩見一病十二年不能行動者不過一月便已醫愈今請李君前來診視見病設法醫治如能於一兩月內全愈則情兄與李君一齊來為兄至祝金榮賁由此間担任名不必再信也弟與李醫生詳談半日深信其法為合理而妥善想必能奏效望兄承隔信而一試之幸甚 此致即候 時祉並祝 速愈 孫文

孫中山先生給張靜江的信

形態可怕，一般躺在地上，有時腿上生瘡，或有殘廢，……而且有時要拉住人要錢要飯。小孩子一般見了都害怕。上面寫的可以說是背景，下面是真的故事。後來我和蕊英、芷英見面時有時就談到孫中山先生。提到孫中山，蕊英和芷英就面對面相笑而說，就是那個叫化子。為什麼這麼說呢？她們說，在巴黎時，她們早上開房門出來，看見有人躺在會客室的地毯上睡覺，怕是要飯的人，急急忙忙去告訴母親說『那個叫化子又來了』，其實是孫中山。」

不僅如此，張靜江還是孫中山先生政治智囊團的核心人員。辛亥革命爆發，中山先生回國，眼看大清王朝已被推翻，接下來就是要建設一個什麼樣的國家的問題。中山先生遂召集張靜江、黃興、陳其

美、胡漢民、宋教仁、馬君武、居正等開最高幹部會議，討論將要成立的新政府實行總統制還是實行內閣制的問題。會上宋教仁主張實行內閣制，而中山先生力持不可，認為內閣制斷非眼下非常時期所宜。張靜江在會上率先支援了孫中山先生的意見，指出這是中國國情所必須，此項爭論方告平息。[註22]

在南北對峙過程中，揚州的大鹽梟徐寶山被袁世凱招撫，任第二軍軍長，手握重兵，成為重大禍患，威脅著新生的南京民國政府。張靜江毅然設計，針對他嗜古董的特點，派人裝扮成古董商潛入其家，在其看古董時，將炸彈引爆，為革命除掉一害。[註23]

1925年孫中山先生在北京病重時，張靜江抱病北上探視。中山先生病危中親簽遺囑時，張也是在其身旁簽名證明的人員之一。3月12日，中山先生逝世，張靜江為12位喪事籌備委員之一。最後，他又親自著手辦理南京中山陵的選址、定方案、籌備資金，挑選承建單位等等事項，直到最後的「奉安大典」全部完成，總算了卻了一件心事。

【註釋】

註1：《張靜江文集‧附錄》：〈二兄行述〉，張久香（臺灣），中央文物供應社，1982年

註2：〈記民國四老──吳敬恒、蔡元培、張人傑、李煜瀛〉，陶英惠（臺灣），《傳記文學》第二十三卷第五期

註3：《張靜江先生文集‧附錄》：〈談臥禪〉，李石曾（臺灣），中央文物供應社，1982年

註4：《石曾筆記》，李石曾著，轉載於《民國張靜江先生人傑年譜》，楊愷齡　臺灣商務印書館，1981年

註5：〈漫談張靜江〉，李力經，上海市政協，《文史資料存稿匯編》，2002年

註6：同上

註7：《張靜江先生文集‧附錄》：〈談臥禪〉，李石曾，（臺灣），中央文物供應社，1982年

註8：〈漫談張靜江〉，李力經，上海市政協，《文史資料存稿匯編》，2002年

註9：《革命逸史‧新世紀主人張靜江》，馮自由，商務印書館，1946年

註10：〈疏財仗義的張人傑〉，吳相湘（臺灣），《傳記文學》第六卷第二期

註11：《孫慕韓（寶琦）先生碑銘手札集》，楊愷齡輯（臺灣），文海出版社

註12：《革命逸史》，馮自由，商務印書館，1946年

註13：同上

註14：〈記民國四老──吳敬恒、蔡元培、張人傑、李煜瀛〉，陶英惠（臺灣）《傳記文學》，第二十三卷第五期

註15：《中華民國名人傳‧張人傑》，蔣永敬（臺灣），近代中國出版社，1984年

註16：《開國元勳、張鄉長靜江先生百歲誕辰紀念》，臺灣浙江同鄉會，1976年

註17：〈疏財仗義的張人傑〉，吳相湘（臺灣），《傳記文學》第六卷第二期

註18：《中國國民黨全書》，余克禮、朱顯龍主編，陝西人民出版社，2001年

註19：中國的經濟發展在1900～1915年間非常落後。因此，一些經濟學家認為，物價指數低估了那個時候的貨幣購買力。換句話說，如果按照2007年的物價指數來計算，就大大低估了張家當時的財富價值。因

此，他們主張對比中國1900～1915年間和2007年的貨幣供應量。

　　1900～1910年間的中國，占85～90%的仍然是以穀物和布料為主體的自然經濟。現金很值錢，但是流通速度極其緩慢。據彭信威教授的《中國貨幣史》（1994，第780頁），在一般農村，一個銀元一年才周轉一次。今天中國的經濟正飛速發展，接近了發達水平。所以對兩個不同時期的中國貨幣供應量進行比較，可以比較準確地估算它們的相對價值。用這種比較法可以得出以下結論：

1、中國在1890年的貨幣供應量是21億銀元。

2、假設1890年以後的25年以5%的速率增長，那麼1915年的貨幣供應量就應該是53億銀元。

3、1915年前後，張氏家族捐獻的130萬銀元相當於當時中國貨幣供應總量的130萬／53億，即4077分之1。

4、中國在2007年4月的貨幣供應量是4630兆人民幣。

5、上述數目的1/4077是11億3000萬人民幣，相當於1億4500萬美元。

6、用這種方法計算，可知張家在當時的捐獻就相當於今天的11億3000萬人民幣（1億4500萬美元）。就保守的估算，也應是8億人民幣（約1億美元）。

　　另外，阮儀三先生在他關於南潯的書（2003）中說，1890年前後，張氏家產價值1000多萬兩白銀。幾個超級富戶的家產構成了全國貨幣總量的大部分。這也證實了經濟學家們的觀點：依照今天的標準，用物價指數來於描述一種經濟的發展狀況或者貨幣的真實價值，都有局限性。順便提一句，沿著這一理論稍作拓展，依照美國今天的經濟標準，「南潯四象」輕而易舉就躋身億萬富翁之列。

註20：〈漫談張靜江〉，李力經，上海市政協，《文史資料存稿匯編》，2002年

註21：〈追憶張靜江先生〉，陳立夫，載臺灣浙江同鄉會編印《開國元勳、張鄉長靜江先生百歲誕辰紀念》1976年

註22：《中華民國名人傳・張人傑》，蔣永敬（臺灣），近代中國出版社，1984年

註23：《民國張靜江先生人傑年譜》，楊愷齡（臺灣），商務印書館，1981年

大恩大義，危難中數次助蔣公

張靜江雖係病殘之身，卻是那種一言九鼎，為了哥兒們可以粉身碎骨的硬漢。他不僅傾其所有，資助孫中山先生領導的革命事業，還多次在關鍵時刻挺身而出，幫助危難中的蔣介石。蔣介石一生曾多次面臨政治危機，尤其在他的盟兄陳其美被袁世凱刺殺後，他更需要一個有錢、有義、有實力的人物作後盾，尤其需要一個在孫中山先生身邊說得上話的上層人物。這時，他選中了浙江同鄉張靜江，與之交換蘭譜，結為把兄弟。[註1]

蔣介石沒有找錯人，因為張靜江正是那種為朋友可以兩肋插刀的血性義士。有了這樣一個盟兄為之鋪路，蔣介石才漸漸地羽翼豐滿，一步步走向人生的峰顛。關於這一點，現在無論是蔣介石的傳記還是張靜江的傳記，以及國民黨大員陳果夫、陳立夫、李石曾、楊愷齡等人所寫的文章，均是直言不諱的。

張
靜
江
石
銘
家
族

弟中正敬贈

靜江二兄惠存

蔣介石送給張靜江的照片

張靜江與蔣介石相識於民國初年，那時正是南北對峙、天下大亂的年頭。張靜江從海外回到上海，蔣介石也從日本趕回了上海，他們相聚在孫中山先生的旗幟下。那時，張靜江早已是孫中山先生的座上賓，多年有功於國民革命，能參加孫中山主持的最高級核心會議了註2，而蔣介石還只是個受人差遣的、剛從日本陸軍學校留學回來，在必要時當個部隊小頭頭的基層幹部。

他們的第一次見面，是由於張靜江的堂侄張乃驊（仲平，1892－1918，張石銘的四子）的引見。張乃驊與蔣介石的相識則是緣於張靜江的族侄張秉三的介紹。因為張秉三與蔣介石在日本留學時是同學，更重要的是因為，蔣介石的父親原本是張秉三家在奉化的鹽棧的經理，相互之間早就認識。張乃驊時有「四太子」之稱，花錢如流水，在上海十里洋場名氣很大，周圍的朋友不知有多少，與蔣介石認識後，覺得蔣是個有抱負的新派青年，就把他介紹給從海外回來的叔叔張靜江。後來張靜江又把蔣

北伐軍出征時，張靜江（中坐者）為蔣介石（張靜江身後右側）等送行。右四宋子文、右六吳稚暉、右七譚延闓、左四何香凝、左五陳潔如。張靜江身邊的小孩是蔣緯國。

介石介紹給孫中山先生。[註3]

　　他們那夥人在那個時期的活動，都被張靜江的族侄張秉三記入了日記。據張秉三的好友、常熟人曹大鐵撰文說，張秉三的日記中有大量的關於張乃驊與蔣介石的交往的記載。可惜這些日記原先都堆在張秉三家（康定路三星坊5號）的閣樓上，數十年沒有人動過，「文革」一來，全被一把火燒掉了。

　　蔣介石真正對張靜江有了「感覺」，大概是在「二次革命」中，蔣介石再次被追殺的時候。

　　所謂「二次革命」，是孫中山先生在辛亥革命之後領導的討伐袁世凱的革命。因為辛亥革命數月之後，孫中山為形勢所迫，已經讓位於袁世凱了。當上大總統的袁世凱表面上與革命黨人敷衍，實際上一心要復辟帝制當皇帝，搞獨裁。為了遏制南方的革命熱潮，1913年3

唐生智
（以下是一組送給張靜江的照片）

陳祖燕（陳立夫）

邢志仁

月在國會召開前夕，他派人南下，暗殺了革命黨領袖之一宋教仁（國民黨代理理事長）；4月又非法簽訂善後大借款，準備發動內戰，消滅南方的革命力量。這是一個導火索，即刻引發了全國以討伐袁世凱為目標的「二次革命」。

這期間，孫中山先生命陳其美在上海舉兵反袁，蔣介石在陳其美手下擔任重要任務。他們發表獨立宣言，通電全國，並且把進攻的重點，再次放了在了倒楣的江南製造局（辛亥革命時江南製造局就是清軍在上海的最後一個軍事堡壘，被革命軍重兵攻打），因為袁世凱的心腹、海軍中將、淞滬鎮守使鄭汝成率領的北洋精銳團，就駐紮在那裏。

可是豪情和赤誠不能解決所有的問題，戰事進行得非常艱難。袁軍倚仗有利地形，又有黃浦江上的軍艦以炮火相助，雙方力量懸殊，終於導致討袁軍損失慘重，一個星期後支援不住了，只好潛入地下。鄭汝成四處貼出告示，懸賞兩千大洋，捉拿要犯蔣介石。這麼一來，蔣介石就處於非常危險的境地，只

好躲到奉化鄉下去，鄉下也接到了通緝令，只好逃往日本。

第二年初夏，蔣介石奉孫中山之命從日本回到上海，準備在上海再次發動討袁的軍事行動。這次蔣介石制定了一個奪取上海的作戰計劃，計劃分三路進攻，他自己任第一路司令長官，司令部設在小沙渡路，負責潭子灣、小沙渡、梵皇渡一帶的軍事行動。但是還沒有等他們開始動手，就被淞滬鎮守使鄭汝成偵悉了，巡警夜半襲擊了他的司令部，搜去了槍械、子彈、旗幟和文件，多名革命黨人被捕，其中四人殉難，軍事行動敗露無疑。袁世凱遂以大總統的名義向各省發佈通緝令，追緝肇事的主謀者，蔣介石再次成為一個通緝犯。

這一次他先沒往鄉下跑，而是躲到了張靜江家裏，晝伏夜出，張靜江出面保護了他[註4]。因為張靜江是民國元老，在社會上地位很高，鄭汝成的部下是不便直接闖入其家抓人的。

但是事隔不久，革命黨內部出了叛徒，叛徒竟是當年鑒湖女俠秋瑾的戰

馮玉祥

白崇禧

錢大鈞

蔣介石送給張靜江的照片

友、光復會的領導人之一、辛亥革命時與蔣介石一起攻打杭州城的王金發。王金發這時已經被人收買，投靠了袁世凱，他指揮便衣隊，夜間把張靜江的住所包圍了，只等蔣介石一出門，正好逮住。也算蔣介石命大，那天他碰巧在王金發等到來之前已先出門了，到一個朋友家裏聯絡事情，當他回到張靜江家的時候，遠遠地發現情況不對，有很多不認識的人在張家房子周圍轉悠，憑藉職業軍人的警覺，他知道大事不好了，轉身就走，於是逃回了家鄉奉化。這期間，多虧了張靜江對他的有效的保護。如果沒有張靜江的保護，蔣介石的命都沒有了，那麼中國的現代史肯定要改寫了。

1916年5月，陳其美慘遭袁世凱的暗殺，這對蔣的政治生涯無疑是個重大的損失。他於無抓無落之中，與張靜江互換蘭譜（兩人年齡相差10歲），結為把兄弟，同時結盟的還有一個許崇智（日本士官學校留學生，老同盟會會員，曾任孫中山大元帥府參軍長）是廣東籍的一

個握有兵權的實力派。對於蔣介石來說，這是一個很高明的策略，這使他在後來革命處於低潮的幾年中，即他離開部隊、混跡上海灘的時候，有了一個抓錢吃飯的地方。他加入了張靜江等在上海證券交易所的「恒泰號」，作股票生意，就在那段時間。註5註6

1926年，蔣介石的政治生涯又出現重大危機。那時孫中山先生已經逝世，國民黨內部幫派林立、四分五裂、反蔣呼聲日益高漲，尤其是汪精衛和胡漢民，與之成了死對頭，這時候他在黨內能夠借重的力量只有他的盟兄張靜江了。

當時張靜江在上海，正在想方設法為國民黨籌集北伐的經費。蔣介石先後多次把他叫到廣州去，向其密告黨內一切，灌輸「聯俄、聯共」不切實際的思想，以期先入為主，要其為自己撐腰。張靜江應蔣介石之邀，曾經多次南下廣州，每次蔣介石都給他洗腦筋，歷數來自共產國際和共產黨方面的破壞活動，證明國民黨面臨的危險註7。老張見他說得頭頭是道，但也拿不出辦法，因為張的社會基礎都在江浙和上海方面，廣東一地，他鞭長莫及。何況，聯俄聯共是孫中山先生生前定下的基本路線，不是誰想改變就能改變得了的。

在國民黨的第二次代表大會上，國民黨決定近期揮師北伐。那時雖然蔣介石主持的黃埔軍校力量日益壯大，但是周圍的環境仍舊對他很不利，一方面他與共產國際的代表鮑羅廷等矛盾日益加深，對共產黨力量的壯大充滿了恐懼，同時在國民黨內部也樹敵很多，遭人妒忌，甚至國母宋慶齡女士也看不慣他，認為他在黨內搞獨裁，他的日子就更不好過。他擔心的是，他的部隊一旦北上以後，廣東的後方基地乏人照看，弄不好就會後院起火。他不能顧了一頭而失掉另一頭，

丟了廣東這個國民革命的根據地。環顧左右，想來想去，只有老張能靠得住，於是電請張靜江火速南下，幫他主持一切。註8

1926年3月下旬，蔣介石再次要張靜江前來救場。這次不是吹風和務虛，而是一次與共產黨的公開較量。經過事先的密議，他們在國民黨的一次高級會議上拋出了著名的「整理黨務案」，目的是要把共產黨清理出國民黨。並且在3月19日的國民黨中央執行委員會上，選舉張靜江為中央常務委員會主席。又由國民政府任命，蔣介石為國民革命軍總司令，立刻揮師北伐。這樣一來，他們一個管黨務，一個抓槍桿子，國民黨的天下就基本掌握在他們哥兒倆手裏了。註9

在蔣介石率兵北伐時，張靜江以國民黨代主席的身份坐鎮廣州，大大加強蔣介石的政治砝碼，為老蔣看好家。

張靜江原本一個重量級的人物，他一坐鎮廣州，形勢果真發生了變化。他性情率真，敢說敢幹，看不順眼時，把鮑羅廷也叫到家裏來教訓一通。他積極扶植他的盟兄陳其美的侄子陳果夫，啟用他當組織部長，先後把要害部門的領導權，統統抓到國民黨手中，逐步排擠掉那些「跨黨分子」（即加入國民黨又加入共產黨），此所謂「整頓黨務」。張靜江一生主要是抓經濟，為國民黨搞鈔票，但在這一段時間（即北伐戰爭期間）還是幹了不少黨務的。對此，陳果夫有一篇〈民國十五、六年間一段黨史〉，詳敘了其中種種曲折，可知當時張靜江在對付共產黨方面，與蔣介石是完全一致的。

這期間他的父親去世了，他忙得也沒能回去奔喪。

當蔣介石率領北伐軍打下了南昌，軍事上大局看好的情況下，蔣介石又著手作長遠打算了。他知道眼下雖然還沒打到長江邊，但遲早

要打到江浙和上海去的，那時，他需要大量的鈔票對付軍餉這個老難題，這就勢必要與江浙財閥打交道。而打通江浙財閥的大門，又非張靜江不可，因為他有很多親戚朋友掌管著那些銀行的大權……

於是，在北伐軍還沒打到武漢的時候，國民黨中央政治局會議就已經議決，設立浙江臨時政治局會議，任命張靜江為主席註10。目的很清楚，老蔣派他的用場，一定要派足！經過張靜江的一系列活動，才有了後來浙江實業銀行、浙江興業銀行、上海銀行、金城銀行、鹽業銀行、東萊銀行等等的「來歸」和「報效」，也才有了成千上萬的軍需債券的認購！換句話來說，這麼一來，北伐軍才有了充足的軍餉，對付北洋軍閥才有了足夠的保障！

俗話說，幫人要幫到底，張靜江對蔣介石的幫忙可謂是幫到了家。

汪精衛和胡漢民是蔣介石在國民黨內部的死對頭，在複雜的爭執過程中，汪、胡二人毅然出走國外，任你老蔣唱獨角戲去。這一招，政治上對老蔣十分不利。

張靜江知道盟弟的苦衷，於1927年3月提起筆來，以國民黨元老的身份給汪精衛寫信，苦口婆心地勸說他回國，共謀國事，實際上是為蔣介石打圓場。

他在信中說：「……我本廢人，暫時問政，原極滑稽，毫無嫌疑之可避，因即用整理案選舉法等，相與周旋，而且時時疵議其失，盡我友道之直諒，皆示以適可而止，不應包辦。乃至今思之，弟亦愚妄可笑。欲就條文組織方面與彼輩為疏闊之制裁，真所謂弄斧班門，太不自量。共產黨買空賣空，別無長技，彼等所設之天羅地網，使人有其誠，無可折其偽者，即其言偽而辨，潤非而澤，工為條文組織是

也。入其條文組織之阱，挑撥誣弄，一變再變，遂陷我於老朽昏庸，獨裁怪物之林矣。我不能不為狼狽周章，我思亦自噴飯。今乃幸其萬惡到頭，逆謀顯著，條文組織，盡失其武器，抱最後亡黨賣國之悲者，一時蜂起，而弟亦居喪唧哀，癃罷日增，更不欲以老朽面目，同彼輩天壤視息，因此隨介兄於前數日共民誼兄飛渡海西，泣求兄姊早歸。弟不及兄姊之至，已即日拔出政潮，完我殘息，冀張目病床，以待黨之不亡，國之不賣，然後死去，乃得笑語在天之總理也。言盡於此，敬祝長途曼福。弟張人傑（靜江）謹啟。」[註11]

　　此番話說得至情至理，感人肺腑，似乎是一位行將就木之老者在向他們祈求。身為國民黨元老的張靜江歷來是乾脆利落之人，能這樣期期艾艾地說話辦事，生平還是頭一遭，不知汪精衛夫婦看後有所感動否，反正張靜江已是把話說到頭了。

　　後來汪精衛等人在北伐接近勝利的時候還是回國了，但是並不買蔣介石的帳，站在了武漢方面，形成了寧漢分裂的局面（國民黨南京政府與國民黨武漢政府對峙）。

　　總之，在所有老蔣需要張靜江的時候，張靜江都以病殘之身，恰如其分地到場了，該發揮的作用也都盡其所能地發揮到位了，甚至在北伐之前，蔣介石在上海最為窮愁潦倒的時候，還是靠老張在經濟上拉了他一把呢！

上海證券交易所「恒泰記」的哥兒們

　　眾所周知，在二次革命失敗之後，北伐戰爭之前，蔣介石有一段

很搞笑的證券交易所生涯，他從一個職業軍人（蔣介石是保定軍校和日本陸軍軍校學生出身）搖身一變，成了一個十里洋場上呼風喚雨的投機者，這個角色的轉換，也與張靜江有著極大的關係。

1920年11月，上海成立了股票交易所（全稱是上海華商證券交易所股份有限公司），張靜江的弟弟張澹如參加了這個交易所的創辦，最初經紀人只有55人。張靜江覺得這是個動腦筋賺鈔票的好機會，因為國外早就風行股票交易，外國人在上海也早就有類似的商業活動，只要對行情摸得準、抓得住，善於經營，就能賺錢，甚至能做無本生意，於是聯絡了親朋好友組立了「恒泰記」經紀人字號，加入了這個交易所，目的還是為孫中山先生領導的革命籌集資金。「恒泰記」的經紀人就是張靜江的那個本家侄子張秉三。註12

張秉三早年也是留學日本的有志青年，是個政治、經濟、文化各方面都能拿得起來的多面手。他跟陳英士非常熟悉，這倒不是因為同在留學的關係，

蔣介石寫給張靜江的便條

蔣介石寫給張靜江的信

而是因為陳英士在湖州家鄉打工時，就是張秉三家當鋪裏的職員。後來張秉三一直跟隨張靜江和于右任，為張家做了很多經營上的事情。張靜江抗戰初期去美國後，他跟國民黨政府去了重慶，在于右任主持監察院期間，曾任監察院的首席參事。抗戰勝利後還當過松江稅務局的局長。他跟于右任、邵力子是震旦大學同學，也是過往甚密的好朋友。1949年邵力子有信來，關照他不要走，留在大陸，於是就留了下來，成為統戰對象，上海文史館館員。他與原司法部副部長何遂也是好朋友，常在一起鑒賞古代字畫。出於對古代文物字畫的愛好，他與張家的張蔥玉也是好朋友，這種友誼一直保持到解放以後。

關於「恒泰記」的具體情況，近幾年上海檔案館編印的《舊上海的證券交易所》一書刊出了一些原始文件。同時，張秉三的一位老朋友陸丹林，在解放以後寫的一篇回憶文章裏，也談到了當年其中諸位股東的事情，從中可見種種奧秘，亦可見張靜江對於蔣介石經濟

上的照應。文中講得很詳細，不妨錄之於下：

> 「1952年春天，有一天我到前上海證券物品交易所經紀人恒泰號經理張秉三家聊天，扯到蔣介石當年做交易所搶帽子的事。張即在書箱裏撿出他們當年合夥組織恒泰號的合同原件給我看。我覺得這文件就是蔣介石做交易所投機勾當的物證，就商得張的同意借了回來，把它攝了影，並保存了一份底片。
>
> 張、蔣、陳、戴等人合夥經營的恒泰號的營業範圍，表面上是代客買賣各種證券及棉紗二項為限。資本總額銀幣35000元，每股1000元，分為35股。股東17人，多不用真名。股東各所占的股份是：吳儁記一股，吳子記三股，吳吉記一股，孫棣記二股，王慎記一股，王樸記一股，蔣偉記四股，小恒記二股，吟香記一股，陳明記一股，邱成記一股，劉儼記三股，朱守記一股，張弇記一股，張靜記五股，張瑩記三股，張秉記四股。
>
> 股東中的『蔣偉記』就是蔣介石。在合同上各股東都在自己的名下蓋了章，只有蔣介石沒有蓋章，僅在『蔣偉記』名下簽了『中正』的名字。小恒記是戴季陶的化名。吟香記是周佩箴的化名。陳明記是陳果夫的化名。張靜記是張靜江。張弇記是張靜江的哥哥張弇群（張乃燕的父親）。張秉記是張秉三，名有倫，是張靜江的侄子，早年與于右任在上海震旦書院同學，後來當監察院參事十多年，現在住上海。朱守記是

朱守梅。吳儔記是吳儔之。吳子記是吳嘉謨。吳吉記是吳潔忱。孫棣記是孫棣三。王樸記是王子新。王慎記是王子恒。邱成記是邱成鐸。劉儼記是劉儼亭。張瑩記是張望徵。

這一班人多是江浙資產階級、買辦、地主和流氓之流。股東中以張家叔侄兄弟占的股份最多，共有13股，為恒泰記號全部股本三分之一強，尤其張靜江名下占股最多。張秉三之所以當經理，和張家所占的股份比重是分不開的。據說蔣介石本來是光棍一條，一無所有，他的4000元股本，是由張靜江替他代交的，企圖趁此機緣，讓他撈回一把，以免他經常做伸手將軍來借錢……多少年來，關於蔣介石等做交易所經紀人搶帽子的事情，早已聲名遠播，中外周知了，但是當時他們合夥的合同和有哪些夥伴，卻是言人人殊的。」註13

看了這份材料之後，後人才能讀懂現在收藏在上海檔案館裏的、諸多與張氏家族有關的證券交易所檔案，才能弄明白，那些什麼「記」、什麼「號」的背後，究竟是些什麼人物。

從上海檔案館收藏的原始檔案中可以明白，在1920年上海證券物品交易所剛成立時，張靜江、張澹如、蔣介石、張弁群、陳果夫等人就參予其中了，其中張澹如還是發起人之一，擔任了首屆理事。當時認股最多的是虞洽卿、李雲書，認了1000股，而張澹如稍遜其後，認了800股。張靜江兄弟和蔣介石等不僅僅在1920年就經營了「恒泰號經紀人營業所」，在1921年還合資經營了「利源號經紀人營業所」，在1923年，張靜江還委託嚴益齋經理了「恒順號經紀人營業所」。到

1931年，張家南號的東南信託股份有限公司也加入了證券公司的業務系統。

「恒泰號」的資本總額為上海通用銀幣3萬5千元，每股1000元，營業範圍是以代客買賣各種證券及棉紗，經紀人是張秉三。

成立「利源號」的契約簽訂於1921年5月31日，立合同人有：張靜江、蔣介石、戴季陶、吳梅岑、徐瑞霖、邵南棠等，資本總額計上海通用銀幣3萬元，每股1000元，經紀人是吳梅岑，營業範圍是為他人經手買賣證券。後來又兩次追加股本，營業範圍由單一的經營證券，擴大到經營金銀和棉紗交易，股本也擴大的4萬6千元。張家南號的張芹伯也加入了這支投資隊伍。

1923年3月11日，張靜江本人還委託他人幫他另組一個證券經紀人號，叫作「恒慎號」，這份契約只有三個人簽字蓋章，一是張靜江，二是嚴益齋，三是見議人沈仲毅。標明投資人是張靜江，經理人是嚴益齋。張投資現銀規元3000兩，另有價值1萬元的代用品，仍舊是經營買賣證券和棉紗事業。註14

張靜江投資證券交易所頻頻更換經紀人，這中間已能看出問題的苗頭，事情一定不是那麼順利的。

果然，這些證券交易開始的生意還算不錯，賺了不少錢，運氣讓這些哥兒們高興了好幾年。這當中，張靜江自然少不了往在廣州的孫中山先生處匯款。但是俗話說「人怕出名豬怕肥」，你鈔票賺得多了就會招來妒忌，與你為難的人就會出來搗亂。那時的上海畢竟是流氓的天下。

幾年之後，恒泰記、利源記、恒慎記就都不靈光了，而且吃倒帳吃得一塌糊塗。據現年70歲的張秉三先生的兒子張毓奇說，他聽他家

169

的老保姆説，吃倒帳的那一年，他家在上海都不敢過年了，家裏的東西賣賣當當，連老太爺的皮袍子都賣了，躲到鄉下去過的年。從當鋪裏拿來的錢堆在一張八仙桌子上，滿滿一桌子。他們逃到南潯鄉下，就住在張石銘的適園裏，住了很長時間才回到上海。張毓奇的哥哥姐姐還在適園裏拍過不少照片，可惜經過10年浩劫，現已不存了。註15

張秉三的日子如此狼狽，想必張靜江不致如此，張靜江畢竟家大業大。而蔣介石就不對了，他原本就是無本生意，每次都是靠張靜江替他買單，這下沒有辦法了，只好一腳溜之，跑到廣州找孫中山先生去了。

蔣介石與他的第三位夫人陳潔如的婚事，也是多虧盟兄老張幫的忙。開頭兩夫妻關係還不錯，後來也喇叭腔了。張靜江後來與蔣介石鬧翻，與此事也有關係。

張靜江親自為蔣介石説媒

張靜江的繼配夫人朱逸民（常熟人）與蔣介石的第三任夫人陳潔如原先是中學同學，而且是最要好的堪稱密友的同學。當初她們同在蔡元培先生創辦的愛國女校（海寧路上）讀書。那時陳潔如才15歲，朱逸民大陳5歲，也不到20歲。據陳潔如後來在回憶錄中説，她們放學後常在朱家一起做功課，有時陳潔如回家晚了，其母就會找到朱家來，因為兩家相距不遠，都在西藏路上，中間只隔一條弄堂。朱逸民功課好過陳潔如，常會對她有所幫助，因而陳一直視朱為大姐。註16

正如陳潔如所敘述的那樣，這樣姐妹般的日子「好景不長」。後

來張靜江的元配夫人姚蕙在紐約不幸去
世，兩年後他回國續娶了朱逸民，這
樣朱逸民就無法再讀書了，雖然仍住
在西藏路（張家當時住西藏路南京路口的
大慶里，張家的「鹽公堂」總管理處也在
那裏，現在那裏聳立起了南京路最高的大
廈），但畢竟不能朝夕相處了，朱逸民
就常邀陳潔如到張家來聊天。

陳潔如（中）、朱逸民（右）與友人。

　　1919年暑假裏的一天，陳潔如正
在張家聊天，孫中山先生帶著兩位男士
來看張靜江來了。那兩位男士一個是戴
季陶，另一個就是蔣介石。卻不料蔣介
石見到陳潔如後，對其一見鍾情，此後
幾次三番找上門要與之交朋友，還通過
張靜江，請其夫人朱逸民為之說項，表
明他對陳小姐的愛慕。1921年9月陳潔
如的父親去世時，蔣介石竟穿著孝服來
憑吊。陳潔如那時只想讀書不想嫁人，
況且對蔣介石毫不瞭解，蔣介石越是追
得起勁，她越是膽戰心驚。

　　她的母親也不贊成這門婚事。後
來張靜江派朱逸民來陳家正式說媒，
與陳潔如的母親作了一次長談後，陳

母按照當時一般的做法，雇了一個私家「偵探」，去調查蔣介石的身世。結果調查報告拿來之後，更讓陳母大失所望，因為那白紙黑字分明寫著，蔣介石已有一妻毛福梅且不說，還有一妾姚怡誠，而眼下正是革命受挫，他居滬無業，是個無現成的家業來養家糊口的城市「盲流」。於是陳母決定將此事一筆勾銷了事。註17

想不到這倒令張靜江著急起來。有一天他親自大駕光臨陳家，為盟兄「打」到人家門上來了，好像陳家小姐必須嫁給蔣介石似的。張靜江畢竟是民國元老，在社會上影響很大，「份量」自然比朱逸民重得多。他這前腳一踏進陳家的門，陳母已經被感動得就差沒掉淚了，心下已有一半贊同了。

講到正題，張靜江處處講蔣介石的好話，說蔣的元配已皈依佛門，與世絕緣，那是蔣母包辦的婚姻，所以雖生有一子，卻無夫妻感情可言的。侍妾姚氏住蘇州，近來已接受一筆5000元的離異補貼，從此放棄對蔣的任何要求。張靜江還出示了一張姚氏親筆簽字的離異協議書。總之是勸陳家母女放心，蔣先生是個有遠大前程的人，將來肯定是中國的領導人物。「只要您惠然同意這樁親事，令媛將能協助他為國家成就一些大事。」按這個邏輯，好像沒有陳潔如，蔣介石就無法革命似的。

張靜江的口舌總算沒白費，陳家母女終於被說服了。與其說是被他說服，倒不如說是被他的苦心所感動，或是被他本人的人格力量所感化了。總之，這個媒人他做成了。1921年12月5日，在上海永安公司大樓的大東旅館的大宴會廳裏，一對新人在朋友們和親屬簇擁下，舉行了半中半西式的婚禮。戴季陶主持結婚儀式，張靜江為證婚人。註18

可是這一切竟又是一次「好景不長」。6年後，也就是國民黨北伐基本取得成功的時候，蔣介石「為了革命的需要」，又要另擇新歡了。他的目標是「蔣宋聯姻」。

對蔣介石來說，宋美齡這個洋氣十足的上海小姐是無以倫比的，年青漂亮，英氣煥發，身後又有宋氏家族這個強大的背景，所以自從他見到宋美齡那一刻起，他又開始為一個女人而坐臥不安了。宋氏家族，政治上有宋慶齡，經濟上有孔祥熙，只要他能擠入這個家族，其政治資本是顯而易見的，因為起碼在宋家內部，作為女婿，他就能和孫中山先生平起平坐了，何況還有經濟利益。北伐戰爭初告成功的時刻，經濟實際上就是政治，因為當年辛亥革命以後的情況就是這樣，政治成果有時是要靠經濟局面來維持的。如果沒有經濟後盾，政治成果再大也容易得而復失的。如果說蔣介石有一點比孫中山先生精明的話，就在於他太明白經濟利益的巨大潛能了。於是乎，他必須實行「蔣宋聯姻」。

然而這麼一來，陳潔如就成了多餘的人。據說在談判的最關鍵的時刻，宋藹齡與蔣介石來到九江附近的一條江輪上，費時24小時，討價還價，終於談成了這筆「蔣宋聯姻」的「革命婚姻」的交易：即蔣介石娶宋美齡為妻，而宋子文就會在寧漢分裂中倒向蔣介石，從而為其籌款，保證國民黨南京政府的金融盤子，這是「蔣宋聯姻」的「一攬子計劃」中的關鍵內容，蔣介石為此任何代價都肯出，何況一個小小的陳潔如呢！

眼看木已成舟，那麼把陳潔如往哪里擺？在這緊要關頭，成也蕭何，敗也蕭何，張靜江在蔣介石作出「5年後與潔如恢復夫妻關係」

的承諾後，再次為盟弟赤膊上陣，細細謀劃，並派他的兩個女兒陪同陳潔如漂洋過海！

50萬美金支票的軒然大波

　　眾所周知，蔣介石1927年8月19日把陳潔如哄上了船，說是他必須娶宋美齡為妻，從而換取宋子文的金融盤子，為期5年，請她暫時回避一下，去美國讀書深造，5年後仍舊恢復夫妻關係。陳潔如那年才21歲，如何能洞察蔣某人的陰謀詭計？為了蔣介石的「革命」，她只好犧牲自己，痛苦地躲得遠遠的。張靜江倒也好漢做事好漢當，不回避責任的，他除了再次去說服陳家母女外，還派出他的兩個女兒張蕊英和張菁英，陪同陳潔如一同前往美國。

　　在陳潔如與張蕊英、張菁英9月8日抵達舊金山後，1927年10月4日蔣介石就東渡日本，向正在那裏治病的宋母求親；12月1日，在上海最豪華的大華飯店，舉行了「中國人最隆重的婚禮」，火速實現了「蔣宋聯姻」。從此對陳潔如棄之如敝屣，再也不提「5年」之期了。陳潔如哪裡料到，後來等待她的竟是40多年的孤燈清影！

　　且說當初張靜江囑兩個女兒陪陳潔如上了傑克遜總統號郵輪，要他們一路小心行事，因為陳氏是第一次出國，於國外的一切規矩、習慣皆不熟悉，有她們作陪，一來可以權當翻譯，方便生活；二是也有人作伴，可免除旅途寂寞。兩位小姐認真履行了職責，老天也幫忙，總算一路順風，安全抵達了舊金山。想不到他們在船上風平浪靜，下船之後卻遇上了「軒然大波」。

原來張家小姐雖然幾次出入國門，但大凡細瑣之事都由僕人代辦了，對外輪上的一些辦事慣例並不熟悉。她們三人上船之後，輪船上的賬房照例通知各旅客，若有貴重物件如首飾等，可送交賬房代為保管，否則一旦遺失，輪船公司概不負責。兩位張家小姐對此並不上心，而陳潔如倒擔心起來，因為她身上帶著一張50萬美金的支票，自己初出國門，若一旦遺失豈不釀成大禍，於是商之兩位小姐後，將支票送交船上賬房保管，下船時再去取回，倒也無事。

陳潔如在赴美途中

亂子是當地的新聞記者捅出來的。關於蔣介石夫人陳潔如赴美之事，外界報端已有披露。「傑克遜總統號」中途在日本和夏威夷靠岸時，當地的新聞記者尤其華語報紙記者均蜂擁去採訪、拍照，船抵舊金山時更是如此。當時任中國政府駐舊金山總領事的是安徽望族之後龔安慶，他在事先已接到國民黨方面王正廷的電報，要其關照此事，切記保密，千萬不要讓陳潔如接觸新聞記者，不要讓她拋頭露面。

不料新聞記者是無孔不入的，船抵碼頭時，竟然人頭攢動。他們知道陳不諳英文，就去採訪張靜江的兩個女兒。張女已得父親關照，不可以隨便講話，所以也一問三不知。記者們無計可施時，轉而向船上的服務人員和賬房「進攻」，問一些她們在船上的生活起居瑣事。這時一位賬房先生脫口而出：「別的我不知道，只是有一張50萬美元的支票，她們曾交賬房保管。」這一下捅了馬蜂窩，第二天的《舊金山日報》即以頭版的大字新聞刊出「蔣介石的夫人隨身帶50萬美元來美」，一時成為特大新聞。當天華僑辦的《僑聲報》等即予轉載，並加以評論：「蔣介石何來如許美金？」又說：「苟非貪污，中飽各地華僑輸助的北伐軍捐款，即為其新得的髒款！」於是各地華僑甚為不滿，表示不願再為國民黨捐款，一時鬧得紛紛揚揚。王正廷曾電致龔安慶要嚴查此事，後經顏惠慶代為解釋而未再為難。[註19]

後來據說此款大部分是用來委託某公司購買軍火的，陳潔如名下的生活費

陳潔如（右下角）與張氏姐妹到達夏威夷時，受到當地官員歡迎。

僅占極小部分。她們想不到去「勞駕」
了一趟船上賬房，竟惹出如此一場麻
煩，蔣介石知道了自然對陳潔如更是一
肚子窩火。

　　初到美國後的日子比陳潔如原先
想像的更為可悲，因為她已從報上看到
了蔣介石在國內《申報》上的「蔣中正
啟事」，以及他在「蔣宋聯姻」問題上
對記者的談話。蔣介石已公開否認有陳
潔如這麼一個夫人存在，她變成了一個
「蓄意冒充蔣夫人」的壞女人。陳潔如
痛不欲生，在紐約西第79街徘徊了一
天，決定跳河自殺，結果被路邊一老者
攔住。

　　張家二位小姐則看不下去了，她們
義憤填膺，慫恿陳潔如向蔣介石報復，
勸她「以不義還不義，以欺騙還欺騙，
以其人之道，還治其人之身！他欺人太
甚，簡直是魔鬼！」但是善良的陳潔如
還在念記那「革命的需要」，始終淚往
自己肚子裏咽，這倒令張氏姐妹大為困
惑，無可理解。[註20]

　　她們從舊金山到紐約一周後，菁英

陳潔如（中）與張家小姐張蕊英、
張菁英。

按自己的計劃去學服裝設計了，蕊英去攻讀師範課程，她們完成了陪同的任務，各奔前程，陳潔如就更孤獨了。

　　5年後，蔣介石並沒有履行他與陳潔如恢復夫妻關係的諾言，等於把盟兄老張給出賣了，張靜江在陳家母女面前，甚至在妻子朱逸民面前橫豎都交待不過去，自然就對蔣介石很有意見。中國人講究「君子一言，駟馬難追」，何況是領袖呢！他這時才看清了了蔣介石這個人的真面目，原來是個說話不算數的小人！他心裏非常失望，從此漸漸與之疏遠了，加上政治上的種種分歧，裂痕越來越大，最後竟到了不屑於理睬的地步。

要建設，不要打內戰

　　國民黨北伐成功、定都南京之後，張靜江與蔣介石漸漸發生了嚴重的分歧。張靜江一心要按總理遺囑大搞經濟建設；蔣介石則熱衷於「剿共」，消滅異己。同時，蔣介石搭上了孔、宋，羽翼漸豐，登上了「極峰」，張靜江對於他來說，成了老朽一個，利用價值已經完了。

　　而張靜江則不肯買賬。他1928年當上建設委員會委員長後，我行我素，大搞基本建設，對蔣介石想頂就頂。在修建鐵路問題上，蔣介石出於「剿共」的需要，主張先建杭州到南昌的鐵路，以路權向德國借款，一次建成重軌；而張靜江則從經濟發展考慮，先修浙江境內及周邊地區的鐵路，並由他出面，向國內銀行界借錢造輕軌，這樣成本低，客貨運輸量大，可以在較短時間內收回成本，於是下令動工而置蔣介石的主張於不顧。同時，在修建浙江的公路上也未能與蔣介石的

「軍事計劃」相配合，以全力先建成了杭州到紹興的一段公路，成為全省內唯一的盈利的公路。這些都令蔣介石大為惱火。

於是老蔣就存心找張的岔子，打擊他在國民政府中的威望，借嵊縣一股土匪搶劫富戶的案子，對張靜江為省長的浙江治安大加批評，並在南京政府的「紀念周」例會上，有意給張難堪，還將他對此事的「訓令」轉載於各報。張靜江讀了之後說：「要我辭職，何必玩這種手段！」乃以出國就醫提出辭呈。當時秘書的擬稿中有「請辭去本兼各職」字樣，張大不以之為然，說：「我只是辭去省政府主席的行政職務，建設委員會是做建設的，我絕對不辭！除非將我撤職！」[註21]

你不辭職，老蔣也有辦法對付你！在國民黨二屆五中全會上，老蔣弄了一個議案：「建設委員會應將所屬各部主管的事業分別交各部接管」，於是鐵路交給鐵道部管了，電廠交給電力部了，建設委員會的職權大為縮小了。1931年10月，以宋子文為首的全國經濟委員會成立後，建設委員會更是名存實亡，張靜江成了無權的擺設。及至1938年，建設委員會乾脆就歸併於資源委員會了。

「我不吃他的飯，他管不著！」

久之，張靜江實際上被架空了。他曾對人說：「我一生被人利用，今後將不再給人利用了。像蔣介石這種人，只可以共患難，不可共安樂，他只知為己，不知為人，而且毫無信義！」[註23]漸漸地，他離開了政治舞臺的中心，離開了中國，晚年在美國以念經和下棋度過了餘生。

張靜江在任何時候都是堅持自己做人的原則，絕不附炎趨勢。一旦他認為是該做的事情，那是奮不顧身，什麼都不怕的。20年代末，李濟深因與蔣介石意見不合，時有摩擦，蔣介石邀他前去南京面談。李濟深深恐有詐，到上海後先找張靜江，問他怎麼辦。張認為蔣介石是欺軟怕硬的，若膽怯不去，以後更難出頭，還是應當去。於是邀了吳稚暉權當李濟深的保鏢，同去南京會蔣。張靜江還說：「要殺頭一起殺，諒他也不敢！」結果李濟深被蔣介石軟禁在南京附近的湯山招待所內，而張靜江為了防備蔣介石對李的迫害，日夜與李同居一室，不離左右，並命他的賬房先生李力經每天下午陪李下象棋消遣。張如有事離開，就一定要等到吳稚暉到來後才走。兩人如此交替陪同，大約有1年時間註24。張靜江如此保護老蔣所痛恨的李濟深，當然也成了惡人，只等有機會收拾他了。

抗戰爆發後，張靜江全家先是避往武漢，後來又轉去香港。在武漢的時候，他家已經門庭冷落，僅有李濟深、于右任等人時來訪問。他滿腹牢騷，不去重慶而決定去香港。在香港的時候，無形中還把宋子文頂撞了一下。那時他正患眼病，宋子文來看他，第二天為他請醫生來家裏看病，並關照賬房，醫藥費由他來付。一周後張的病情有好轉，他問賬房花了多少錢。賬房把宋子文的話相告，老張立即生氣了，立馬叫賬房去醫生那裏要來清單，一定要自己付，才不買你宋子文的賬呢！

1938年8月，他一家與他的侄子張叔馴夫婦離港赴歐洲，繼而前往美國，寓居紐約治病。離開香港啟程的前一天，張靜江傷感地對他的賬房先生李力經說：「此一去恐怕屍骨難歸了！」

李力經問他，要不要電告蔣介石，他一下子變了臉，生氣地說：「我去哪裡是我的自由，用不著通知他！」第二天上了船後，前來送行的弟弟張澹如又問他：「二哥此去有無電報給蔣介石？」張靜江本來半躺在沙發上，聽此話忽自沙發上坐直，非常憤怒地說：「我為什麼要通知他？我又不吃他的飯！他管不著！」張這樣發怒地對人講話，生平是極少有的[註25]。

外國人對張靜江的指責是沒有根據的

但是，不知是什麼原因，在海外出版的一些關於中國現代史的英文著作[註26]中，往往只提到當年張靜江與蔣介石的合作，而隻字不提他後來跟蔣介石的分道揚鑣；還說他參加了西山會議，屬於國民黨極右分子之一；甚至把張靜江列入黃金榮一類的黑社會頭目；在蔣介石與汪精衛的分裂中，把張靜江說成是其中的推動者……而事實上，這些說法都是沒有根據的。

2001年在美國紐約出版的《上海：一座墮落之城的沈浮》（作者：Stella Dong）一書中（92－93頁）曾寫道：「（蔣介石）的最大的贊助者（張靜江）和上海勢力最大的黑社會頭目青幫，也有著密切的聯繫。蔣介石通過這位新的贊助人結識了黃金榮。黃金榮禿頭、凹臉，是法租界裏黑社會的創始人，他也是法租界警察頭目洪森的保護人。」這段話的內容完全不符合事實。

首先，張靜江與上海的青幫、黑社會地痞流氓走的根本不是一條道，他們不是一類人。從家庭出身和經濟基礎來說，黃金榮、杜月

笙等早年都是社會底層的、衣食無著的小流氓，在社會上坑拉拐騙，逐步拉幫結夥，成為黑社會的頭目。而張靜江家是江南著名的富豪之家，他的祖父張頌賢就已經是千萬富翁了，他從小席豐履厚，心氣高傲，生活範圍和社交圈子與黃金榮、杜月笙等有著本質的不同，因此不可能是同路人，更不可能發生密切的聯繫。起碼從現有的文史資料中，看不出張靜江本人與黃金榮、杜月笙有什麼瓜葛。

其次是社會身份和人生目標的截然不同。張靜江是民國元老，1902年到法國後，先是接觸了法國無政府主義思潮，後來接受了孫中山先生的「驅除韃虜，恢復中華，創立合眾政府」的政治主張，並且身體力行地投入了孫中山先生領導的革命運動，在1905年孫中山先生創辦同盟會的當年就就加入了同盟會，他還是孫中山先生的重要經濟支柱。他從青年時代起就有改造社會的抱負，到法國後還參與發起成立世界社，出巨資刊行《新世紀》周刊和《世界》雜誌，不惜毀家救國，多次贊助革命。如前所述，他本人曾為革命前後共捐獻了110萬兩銀元。不僅如此，在1913年二次革命遭到失敗，孫中山先生等逃亡日本的危難關頭，他毅然答應出任中華革命黨（1919年改為中國國民黨）的財政部長，繼續為處於低潮的革命事業籌款。即便後來在上海股票交易所投資做股票生意，那也完全是一種為革命集資的手段，何況他只是其中的投資人，而不是創辦人和經紀人，跟股票交易所裏的地痞流氓完全是兩碼事。

而黃金榮是法租界巡捕房的包打聽，後來升為探目、督察員、督察長，他依靠租界當局，夥同杜月笙、張嘯林成立「三鑫公司」，轉賣鴉片，廣收門徒，包攬煙賭業，又開辦大觀園浴室、黃金大戲院

等，巧取豪奪，斂財巨萬，逐步成為上海灘頭號的「大亨」。20年代初他納蔣介石為門生，在1927年蔣介石發動四・一二反革命事變時，他幫了蔣介石大忙，由此就成了國民黨的新貴，被蔣介石任命為國民黨政府的行政院參議、陸海空軍總司令部少將參議……這些都只能說明是蔣介石與黃金榮的關係，而不能說明張靜江與黃金榮有什麼關係。更何況，從1927年年底之後，黃金榮在蔣面前日見得寵，而張靜江卻越來越不得勢，最後分道揚鑣。如果張靜江真的與黃金榮關係密切的話，或是張靜江真的把蔣介石介紹給黃金榮的話，那麼張靜江的處境豈不是比黃金榮還要得寵嗎？

最能說明張靜江與黑社會無關的，是他的堂兄張石銘的被黑社會綁票的事情。張石銘於1925年8月19日夜在上海寧波路被流氓綁票，肩受槍傷，在匪窩裏困頓將近一個月。張家想盡辦法營救，並通過巡捕房查辦，最後還是不得不向綁匪妥協，花了20萬元大洋才買回一條命。如果張靜江真的是黑社會的頭目，或者與黑社會有密切的聯繫的話，還會出現這種事情嗎？

與張家在生意上有密切來往的一個法租界大亨是黃楚九，他是著名的實業家，租借了張家大房的地皮，於1917年建造了著名的大世界遊樂場，聲名遠播。他一生創辦了很多事業，其中有中法大藥方、上海日夜銀行、上海夜市物券交易所、上海急救時疫醫院、黃楚九醫院等。他於1931年去世，主要因為做房地產生意投機失敗，各種事業受連累連年虧蝕，加上黃金榮、杜月笙等的聯合打擊，精神上一蹶不振，最後不可收拾。黃楚九去世後，大世界於1932年被黃金榮收購（黃楚九的後代曾宏燕著書認為，大世界是被黃金榮設計搶去的）。那

時張家大房的老太爺張石銘已經去世,大世界所在的地皮由他的孫子張蔥玉繼承。大世界地皮的事情是張家大房的事情,與張靜江沒有關係。

另外,在1961年斯坦福出版的《中國革命的悲劇》(作者Seagrave)一書中提到了張靜江參加了西山會議。書中(209-210頁)說:「1925年11月,國民黨右派八人小組秘密集會於孫博士靈柩的暫厝地——北京郊外西山的碧雲寺,商討國民黨未來的發展。八人一致同意將所有的共產黨甚至走中間道路的汪精衛清除出黨。蔣介石的三大顧問『大耳吳』、張靜江、戴季陶提議他作為國民黨的新領袖。他們提出了這個建議,說服眾人相信蔣介石是可以勝任的合適人選。由於汪精衛只是臨時執掌國民黨,而且對於共產黨的防備過於虛弱,所以驅逐他出黨勢在必行。張靜江策劃了整個活動,在廣東大出政治風頭。他曾被粗心的汪精衛和其他人追隨。據Harold Issacs觀察,張靜江已經成了蔣介石的贊助人、首席政策導師和顧問。」

關於孫中山先生逝世以後,在北京西山碧雲寺孫中山先生靈前召開的西山會議問題,現在海峽兩岸文史界對此的研究非常詳盡,有哪些人參加,共開過幾次會,商討了些什麼問題,都調查得清清楚楚。由中國社會科學院臺灣研究所2001編纂出版的《中國國民黨全書》中,「西山會議」條目中列出的13個與會者名單中,根本就沒有張靜江的名字。這13個人是:謝持、鄒魯、林森、葉楚傖、居正、沈定一、邵元沖、石瑛、覃振、石青陽、茅祖權、傅汝霖、張繼。所以說關於張靜江在西山會議上如何如何,甚至說「張靜江策劃了整個活動」,純屬無稽之談,不知這種說法的依據何在?

另外，在對待蔣介石與汪精衛的關係上，紐約2003年出版的《蔣介石傳》（作者Jonathan Fenby）中說：「蔣介石的上海贊助人張靜江早在1926年就奔赴廣東，與其說是去彌合汪精衛和蔣介石之間的分歧，不如說是去鼓勵蔣介石與左派分裂。」（90頁）而事實上完全不是這麼回事。

關於張靜江1926年去廣東的事情，那首先是為了出席中國國民黨第二次全國代表大會。那次會議於1926年1月1日於廣州召開，張靜江於會後的1月29日晚上啟程返回上海。後來於3月22日再次赴廣州，是應蔣介石的緊急電召而前去的，如《民國張靜江先生人傑年譜》中所記：「三月二十三日，先生因蔣公在粵處境困難，亟趕程抵粵，當晚至要塞部，與蔣公痛談，相與咨嗟……蔣公又疊約先生等會商大局」。這起碼說明，張靜江到廣州去，是被動的被蔣介石叫去的，而不是主動前去做分裂工作的。另外，從張靜江1927年3月10日致汪精衛的一封信中也能看出一些問題，信中說：「……家國之痛，義忘生死，是以去春三月聞廣州內部糾紛，不辭道遠，刻日南行，冀稍盡其獻替。豈知弟於三月二十二日在長堤登岸，先二日介兄（指蔣介石）已向共產黨行斷然之手段，而季兄（指汪精衛）亦飄然引去矣，弟乃憂懼不知所出。」這就清楚地說明，在張靜江1926年3月22日到達廣州的前兩天，蔣介石已經開始公然反共，已經向共產黨「行斷然之手段」了，而且因事先未徵得汪精衛的同意，汪精衛憤而「飄然引去」（出國）。事實上，蔣介石在廣州的反共及與汪精衛的分裂，根本用不著張靜江去「鼓勵」的，蔣介石原本就是主謀，他在張靜江到達廣州之前就已經自行其事了。

相反，張靜江倒是做了一些汪蔣之間的關係彌合的工作的，這從他先後寫給汪精衛的兩封信中就可以看得很清楚。他苦口婆心，好話說盡，為的是關照大局。但是後來汪蔣的矛盾已經發展成不可調和，發展成寧漢分裂，張靜江也無能為力。當然，在汪蔣矛盾當中，張靜江始終是站在蔣介石一邊的。但是，要說是「蔣介石的上海贊助人張靜江早在1926年就奔赴廣東，與其說是去彌合汪精衛與蔣介石之間的分歧，不如說是去鼓勵蔣介石與左派分裂」，這種說法顯然就缺乏根據。

至於國民黨右派與左派分裂的事情，集中體現在這年5月中旬在廣州召開的國民黨中央執行委員會第二次全體會議上。那次會議是一次標誌著國民黨與共產黨進一步分裂的會議，會上由9個人聯名提出了「整理黨事案」（即「整理黨務第一決議案」），這9個人是：譚延闓、蔣中正、孫科、朱培德、宋子文、甘乃光、陳公博、林祖涵、伍朝樞，而張靜江並沒有在內。這又與「鼓勵蔣介石與左派分裂」的說法相去甚遠。

現在令人感到費解的是，張靜江在1902年就到了法國，長期從事海外貿易和海外的革命活動，直到1911年辛亥革命時才回到中國，此後的一段時間裏時常往返於東西方之間。1938年抗戰爆發後再次離開了中國大陸前往瑞士，很快就又到了美國。他晚年最後的11年是在美國度過的，想必他在美國華僑界、新聞界和美國的漢學家中，知名度不會很小，因為臺灣早就出版了張靜江的年譜、文集、紀念集和各種回憶、紀念文章，那些文章都是與張靜江生前共過事，或是有過交往的當事人所撰，有的還是民國元老，如李石曾、馮自由等。但是，為

什麼恰恰是在美國出版的英文著作中，尤其是在2000年以後出版的英文著作中，在對待張靜江的認識上，還存在這麼多錯誤？這實在是個太大的遺憾！

【註釋】

註1：《蔣介石傳》，何虎生，華文出版社，2005年

註2：《孫中山在上海》，上海歷史文物陳列館編，上海人民美術出版社，1991年

註3：《菱花館歌詩‧注十三》（油印本），曹大鐵

註4：《蔣介石傳》，何虎生，華文出版社，2005年

註5：同上

註6：《舊上海的證券交易所》，上海市檔案館編，上海古籍出版社出版，1992年

註7：〈民國十五、十六年間一段黨史〉，陳果夫，載楊愷齡撰《民國張靜江先生人傑年譜‧附錄》，臺灣商務印書館，1981年

註8：《民國張靜江先生人傑年譜》，楊愷齡，（臺灣）商務印書館，1981年

註9：同上

註10：同上

註11：同上

註12：《舊上海的證券交易所》，上海檔案館編，上海古籍出版社出版，1992年

註13：〈蔣介石、張靜江等做交易所經紀的物證〉，陸丹林，載《蔣介石的密友近臣》，中國文史出版社，2004年

註14：《舊上海的證券交易所》，上海檔案館編，上海古籍出版社，1992年

註15：宋路霞採訪筆記：2005年7月21日訪問張毓奇於上海康定路三星坊

註16：《我做了七年蔣介石夫人》，陳潔如，團結出版社，2004年

註17：同上

註18：同上

註19：〈漫談張靜江〉，李力經，上海市政協，《上海文史資料存稿匯編》，2002年

註20：同上

註21：同上

註22：〈張人傑先生家傳〉，姚琮，載《民國張靜江先生人傑年譜‧附錄》（臺灣），商務印書館，1981年

註23：〈漫談張靜江〉，李力經，上海市政協，《上海文史資料存稿匯編》，2002年

註24：同上

註25：同上

註26：《上海：一座墮落之城的沉浮》，Stella Dong，紐約，2001年

《中國革命的悲劇》，Seagrave，斯坦福，1961年

《蔣介石傳》，Jonathan F enby，紐約，2003年

窮衙門辦大事　百代被其澤

國民黨北伐成功、定都南京之後，一方面想繼續北伐，另方面黨內的派系爭鬥也日趨激烈。這時的張靜江，他此時只有一件事情要做，那就是繼承孫中山先生的遺志，大搞國民建設，造福國民。1928年2月，他當上了建設委員會的委員長，整天忙的不可開交。

可是，堂堂一個國家建設委員會的委員長，要主辦全國的鐵路、公路、發電、煤礦等基本建設，蔣介石只撥了10萬元錢，困難是可想而知的。然而張靜江就是有頂著困難上的本事，有錢要辦事，沒有錢也要辦事，而且要辦大事。張靜江上任尹始，首先抓緊網羅建設人才，一些學有專長的工程師、專家如曾養甫、劉石心、朱謙、朱世昀、霍寶樹、程宗陽、王崇植、史維新、秦瑜、周賢頌、張家祉等，都是這個時候來到他的身邊

受到重用的。這些人後來都成了各個建設領域的領袖人才，有不少還擔任了各省的建設廳廳長[註1][註9]。

　　從1927年到1937年抗戰爆發這10年間，現在的民國史專家認為是中國民族資產階級大發展的黃金時代。這個黃金時代的形成，很重要的原因是國民建設的基礎工程取得了很大的發展，諸如公路、鐵路、發電廠、煤礦、通信、無線電臺等等。如果沒有良好的基礎設施，無論是重工業還是輕工業，都是舉步為艱的。這當中，張靜江不愧是個偉大的幕後英雄，他以10萬元經費，為國家創造了5000餘萬元的財產，至於社會效益就更無法估算了。[註2]

　　搞建設首先要有動力，動力又首先以電力為主。張靜江是經濟建設的高手，他親自規劃了電力發展的三步曲——首先建起了首都（南京）發電廠，南京的若干輕工業工廠遂得以興辦，把國民政府的首都裝扮得亮堂些了；接著又在原先私營的震華和耀明電燈公司的基礎上創辦了戚墅堰電廠，資本250萬

張靜江在黃山

元，發電量6400千瓦，成為當時與北平、上海、閘北、華商、首都同類的大型發電廠，把無錫、武進（常州）一帶的工廠以及部分農村水利灌溉都帶動起來了（那時的無錫和常州一帶已經形成了一個工業區，僅紡織廠和繅絲廠就有幾十家），同時建設的還有杭州電廠。然後他要創辦一個足以帶動整個江南工業發展的大型發電廠[註3]。

這三步曲的第三步是：在京滬杭地區建立一個龐大的電力網。這個電力網以戚墅堰電廠為發展中心，先在無錫和蘇州交界的望亭火車站附

張靜江（居中）與江南汽車公司的股東。後排左一是他的女婿周君梅。

近建設一座10萬千瓦火力的發電所（整個計劃設計的總發電量為50萬千瓦）。

望亭這個地方距離鐵路和運河都很近，又瀕臨太湖，地點適中。電網建成後，可以高壓線東經蘇州和昆山連接上海；向西北經丹陽、句容接通南京，日後還可以延伸到蕪湖；向北從丹陽可以接通鎮江；向南還可以從蘇州經吳江、嘉興連接杭州，它的支線還可以接通湖州和長興。這個巨大的電網的覆蓋面，正是我國最富庶的精華地區——富甲天下的江浙地區，受益面積約5萬平方公里，人口當時有2500百萬，如果有充分的電力供應，工商業的迅速發展是毫無疑義的。

張靜江和他身邊的一幫技術秀才們，精心設計了這個中國前所未有的電力發展藍圖，並且積極付諸實施。註4 1937年春天，望亭新廠的廠基200餘畝已經買好，由武進西通丹陽的3萬3000伏特的高壓輸電線路也於同年2月完成，其他線路的先期工作也已經開始……可恨是年「八一三」戰事爆發，日本鬼子打

張靜江為李石曾借款寫的擔保書

建設委員會向張芹伯、張叔馴借款的函件。

了進來，一切計劃頓成泡影註5！要不然，江南一帶的工業發展，肯定是另外一番模樣！

發電那時候都是火力發電，以煤為原料，要發展電力，相應的又急需發展煤礦開採業。張靜江10年間先後創辦了淮南煤礦、長興煤礦、饅頭山煤礦及宜洛煤礦，實在是功不可沒。

淮南煤礦在安徽省懷遠、鳳台、壽縣、定遠四縣之交，北距淮水17里，東北距蚌埠百餘里，所產煙煤，品質很好，不僅可供發電，還可供輪船、火車、工廠及家庭之用。據專家們勘測，該區內煤蘊藏量極富，達7萬萬噸之多，為華東地區所僅見（這個煤礦至今還在出產煤，已是個現代化的大型煤礦了）。這些資料又令張靜江大為振奮，立即於1930年年初組設淮南煤礦局，投資150萬，依法向農礦部請領執照，於當年4月間就開始開採。第一期工程每日產煤200噸，為期半年；預期第二期工程每日產煤2000噸，為期兩年；第三期工程每日產煤5000噸至1萬噸。註6

美好的前景，使老張年輕了許多。但是，新的問題很快又暴露出來了——礦區交通太不方便，煤是挖出來了，但是外運困難。當時的情形是，挖出來的煤先須用人力車運到淮河邊，再用小木船運到蚌埠，然後再走鐵路，利用津浦鐵路運到浦口，輾轉運駁，手續既繁，費用也大。況且津浦鐵路南段原本就運輸繁忙，每天再加運煤炭數千噸，也力難勝任。老張急了，立即再找專家們商量，於是決定在礦區建一條鐵路直達長江邊，儘快把煤運出來，保證各地電廠和工廠的使用。

這條鐵路就是著名的淮南鐵路，全長248公里，從礦區的田家庵開始，經大通、水家湖、下塘集、合肥、巢縣、桐城，直達長江北岸

的裕溪口。這樣，淮南煤礦出產的煤炭在裕溪口經過整合，上可運蕪湖、安慶、九江、漢口；下可至南京、鎮江、南通、上海；北邊經津浦路可以陸運；南邊經長江可以水運，大大節省了運輸成本和時間。這條鐵路從1931年開始勘測施工，1935年竣工，取得了很大的經濟效益，現在還是安徽省內的重要交通幹線。

鐵路建設，從清末始建鐵路以來，歷來是花錢填不滿的「老虎洞」，不是少量資金能夠奏效的。張靜江知道政府拿不出錢來，就發起組織淮南鐵路公司，利用各方民間資本集資，而沒有動用國庫一分錢註7。

於1934年創辦的江南鐵路公司同樣採用民間集資的辦法。現在保存在南京國家第二檔案館內的有關卷宗裏，可以看到當初組織投資的具體情況，證明該鐵路完全是民間集資建成的。由於這條鐵路幹線長，要從南京穿過江蘇、浙江、江西、福建，直到閩粵邊境，連接成一條南北大動脈，自然需要龐大的開支。

當時共集資300萬，每股100元。張靜江自任總經理，首先動員自己張家的兄弟和親戚投資入股，結果張家人紛紛相應，幾乎所有親戚朋友都掏了錢出來，還有一些社會名流，蔣介石和宋子文也買了股份。其中張靜江自己占1500股，其他人有：宋子文500股、杜月笙300股、尤菊蓀200股、奚萼銜200股、許漢卿100股、錢新之100股、朱如山150股、吳達銓100股、蔣介石50股……張氏家族中，除了張靜江自己，還有張澹如200股、張墨耕50股、張朱逸民50股、張芹伯40股、張叔馴40股、張瞿庵40股、張景裴40股、張讓之40股、張蔥玉40股、張乃燕30股、張芸英10股、周君梅（延鼎）20股。周君梅是

張靜江的二女婿，初為該公司的總務處長，後代張靜江任總經理，具體負責管理這條鐵路的運營[註8]。

關於張靜江主持建築的這些鐵路（杭江鐵路、江南鐵路、淮南鐵路），在抗戰中發揮的作用，鐵路界前輩周賢頌先生在一篇文章中作了中肯的介紹：「抗戰前夕，杭江鐵路易名浙贛鐵路，在株洲與粵漢鐵路接軌，總長一千一百一十一公里。一位不認識張先生的作者，在他所著的《中國戰時交通史》中如此報導：『東西南北戰場，軍隊輜重，得隨軍事形勢轉移，行動自如。徐蚌會戰時，將南方軍隊，調至江北。及徐州淪陷，又調回南方，保護武漢，守衛長江。此調動自由，皆浙贛鐵路之所致。』」[註9]

周賢頌先生在文中還談到自己的體會，頗有動人之處：

「我第一次遇見張先生是在民國十七年（1928年）冬季，當時我離開了北寧鐵路，到上海養病。有人問我要不要搭主席專車，去杭州遊覽？一個頭腦簡單的職業鐵路家，摸不清張主席是什麼樣的人，對遊覽杭州也沒有什麼興趣，但聽說可以乘火車，我就高高興興地答應了。

是一個風清月白的午夜，滬杭夜車，從北站開出，突然地在上海西站停下。我在睡眼惺忪之中，看見兩個彪形大漢，扛抬一架四方帆布椅子，從車尾瞭望台，迂迴曲折地走上車來。到了車上客廳，扶進一位帶了很厚很厚眼鏡的瘦削老人。客廳裏圍著一大堆人，火車剛開，會議就開始了。除了曾養甫先生以外，我不認識什麼人，也不懂他們所談的事，就聽得有人說三十萬。我問友人什麼一回事，友人

說，他們籌到三十萬元錢，要修一條鐵路從杭州到金華。

自認是鐵路專家的我，輕輕地啐了一聲：真是神經！這些錢不夠造出杭州的城門！

兩年以後，我的同事金士宣博士向我道別說，他去杭江鐵路做運輸課長，鐵路總長兩百公里！」

「……張先生修這三條鐵路之初，咒其狂妄者，不只我一人。成功之後，則千萬人被其德澤。國家建設，賴以推進。抗戰力量，增加百倍。他對國家的功勳，就是沒有從前毀家紓財革命一階段，也已是光芒萬丈，永垂不朽。」註10

關於張靜江建設鐵路的事情還有一個插曲，是張靜江的親戚、張弁群的女婿趙曾珏先生，在紀念張靜江誕辰100周年時寫的紀念文章中提到的。文中說，在1930年張靜江籌建杭州至江山一段鐵路（杭江鐵路）時，工程已經動工，正在積極施工之際，有一天張靜江突然接到當時的交通部的電報，那時的部長是王伯群，電報中說，建造鐵路依照國府的條例是中央的職權，省政府不得興建，應立即停止。張靜江不服氣，立即趕到南京湯山，向蔣介石討說法。他的看法是，中央應遵照中山先生的建國方略，積極規劃全國的鐵道發展藍圖，在中央財力有限的時候，各省如有財力，省內的鐵路應當鼓勵自建。他還以美國為例子，說明鐵路的營運應當鼓勵民營，這樣我國的交通才有望發達，全國的鐵路才有望形成網絡……蔣介石沒有話說，只好同意了張靜江的意見，杭江鐵路方得以繼續施工。

除此之外，還有著名的真如國際電臺，那是中國人自己辦的範圍

最大、歷史最早的無線電臺，也是張靜江任職建設委員會期間的傑作。有了這個電臺，中國從此可以向世界發出自己的聲音了。他在創辦這個電臺的時候，大多數中國人的腦子裏還沒有「無線電」這個概念呢，張靜江在這個領域裏也是「篳路藍縷，以啟山林」的奠基人。註11

中年的張靜江

振興民族實業的歷史圖卷
──西湖博覽會

　　張靜江兩次出任浙江省省長，在主浙期間還有一件極具轟動效應的政績，成功地舉辦了中國歷史上最大的一次博覽會──西湖博覽會。

　　西湖博覽會於1929年6月6日在杭州召開，宗旨是提倡國貨，獎勵實業，振興文化。規模之大，把半個西湖都當作了會場，包括斷橋、孤山、岳王廟、北山、寶石山麓以及葛嶺沿湖地區，周長達4公里，面積約5平方公里，佈滿了博覽會的各種展館。內設革命紀念

首屆西湖博覽會會場

館、博物館、農業館、教育館、衛生館、絲綢館、工業館、還有特種陳列所、參考陳列所、鐵路陳列室、航空陳列處、電信陳列室等等。展館、展廳、展室和商店有上百個，參展展品1476萬件，展品來自全國各個省市，為了便於比較，還展示了少數外國商品。一時中外嘉賓，南北商賈，雲集西子湖畔，熱熱鬧鬧地辦了4個月的展銷，參觀人數達2000餘萬人，參觀洽談商務的海內外代表團有1000多個（海外商團有美國華僑參觀團、美國記者團、日本考察團、教育代表團、英國商務考察團、朝鮮商務考察團、萬隆考察團等等），總收入約51.76萬元……萬頭竄動，盛況空前，震驚中外，大大推動了地方商貿和實業的發展。這些，歷史已早有定論。

論規模和氣魄，這個博覽會的確很符合張靜江的一慣風格。他是要麼不做，要做就要史無前列。他擔任了這次博覽會的主席。人家當主席喜歡掛掛名就行了，而他幹任何事情都是不來虛頭的，而是事無巨細，都要真槍實彈地實幹的。為此，他的確費了不少心思，從展館的設置，到展品的選定，場地的搭建，獎項的評定，以及展區內的交通和抽獎的細則等等，他都要親自過問。

舉辦這麼一個超大型的博覽會，籌備委員會的官員們還挺有詩意，決定要徵集一個會歌，到時候在會場上播放，造造聲勢，於是發出徵集會歌啟事，一時應徵者無數。但是主席大人和籌備委員們文學水平甚高，全都看不上眼，一時選不出與這次盛會相稱的會歌。最後來了一位大手筆，總算解決了問題。這位大手筆就是南京中央大學的文學系教授、大詞曲家吳瞿安先生。歌詞寫道：「薰風吹暖水雲鄉，貨殖盡登場。南金東箭西湖寶，齊點綴，錦繡錢塘。喧動六朝車馬，

欣看萬里梯航，明湖此夕發華光。人物果豐穰。吳山還我中原地，同消受，桂子荷香。奏遍魚龍曼衍，原來根本農桑。」[註12]

　　張靜江一看「太好了！」有詩意，有意境，有理想，把杭州這個人間天堂的特點寫出來了，也能緊扣博覽會的主題，「貨殖」、「梯航」、「農桑」都提到了，真是難得的好材料，令人鼓舞！於是主席大人也來了個詩意大發，立馬親批條子：「送稿酬一千元」！那時候，一個銀行職員的月工資不過3、40元，一個大銀行經理的月收入，也不過500元。一個2、30口人吃飯的中等大家庭，月開支300元也足夠了。一首會歌竟出如此高的稿酬，可知這個博覽會在張主席心目中的地位。吳瞿安教授人在南京，張主席就派專人攜款專程給送去，留下了禮賢下士的佳話。當時上海的小報刊出此事，還頗有醋意地說：這首會歌僅有76個字，計算下來，每個字的稿酬是13.15元，大概是自古以來最高的稿酬了吧！[註13]

　　這次為期4個月的西湖博覽會，最直接受益的恐怕還是杭州市民，他們眼界大開——第一次近距離地看到了飛機，不僅看到航空表演，還能走到飛機這個龐然大物身邊拍照；第一次看到了那麼盛大的焰火；第一次認識了動物園裏的動物；第一次見識了10萬大洋的抽獎；第一次見識了來自天南海北的那麼多商品……杭州人是有福氣的，因為他們有這樣一位不同凡響的省長。

　　直到現在，杭州人只要一提起那次轟動中外的西湖博覽會，就會想起張靜江。

西子湖畔的美好回憶

◎往事仍在眼前◎

張乃昌（張靜江的長子）：

1927年，我父親成為浙江省主席。杭州是浙江省的省會。父親在杭州租了一套房子，房東是一個受過良好教育的中國人，溫文爾雅，將房子命名為「藍蔭小築」。在中文裏，「蔭」意味著深藏不露。小築！我的天！這可是一座巨大的宅院。當你開車穿過主幹道的鐵門時，有一個巨大的混凝土場地供車輛轉彎和停放。在右邊，有一排四個車庫，如果我沒有記錯的話，僕人的住所就在車庫頂上。

主樓裏有很多的臥房，還有一個巨大的起居室，起居室的左邊有一個小廳可以會客。這個房子向外延伸出一個迴廊，懸在西湖外湖的水面上。通透的窗戶使人能夠從三面觀賞西湖外湖的風光。它下面是船塢，停著兩三隻船，右邊鄰著一個停船點，來訪的客人可以乘船從這裏下來，直接進入起居室。

當我們住在這所房子裏的時候，我們全家人都在學太極拳、太極劍和太極槍。教我們的是陳老師，陳氏太極拳就是他的先祖發明的。我跟他學到了完整的太極套路。我打太極的姿勢被誇獎為是最好的。

那時，父親組織了一次全國競賽[註14]，當然分成了各種類型，中間有各種各樣的表演。我被選中表演太極。我依稀記得，我們站在一個四英尺高的臺子上，面積大約有一個籃球場那麼大。臺子的後面有裁判席，當然父親母親也坐在那裏。臺子下數以千計的觀眾環繞著臺子的三面。他們從全國各地跑來觀看比賽。主持人宣佈我將表演太極。

我不記得我是否緊張。我走到了臺子的中央，開始打太極。在我表演的過程中，媽媽聽到兩個觀眾在談話。一個說：「這個玩藝兒對一個小男孩有什麼用？」另一個回答道：「不要小看這個小男孩，要是你走上台去，說不定他能將你扔下來。」回家以後，媽媽就把這句話告訴了我。

父親辭退省長職位後，仍是國家建設委員會的委員長。不久，我們家搬進了位於西湖邊北山路附近的葛嶺5號的新房子。新房子坐落在西湖邊的一座山上，車庫在山下，大門對著街。大門的門衛緊挨著車庫，裏面有兩個房間和一個等候室。再往裏走是一扇大鐵門。由於我們的新宅地處山腰，門口就砌起了一個足有200平方米的平臺。從山下走到我家新宅的門口，如果我沒記錯的話，共有173級臺階。當我們登上新宅的頂層，一幅醒目的景象便映入眼簾。我們能夠在家裏俯瞰到西湖全景，而我們的新宅也融入了西湖的圖畫中！

新宅由三棟樓組成，有一條從西邊

從張靜江葛嶺5號的住宅看西湖

西湖博覽會工業館舊址

延伸的長廊，長廊後是起居室和餐廳，長廊東是書房。書房後有條過道，遊藝室就在它的後面。樓梯下方和上方右邊各有一間浴室。

頂層的起居室包括兩間臥室，其中一間在餐廳上方，另一間在書房上面，是母親的臥室。母親臥室後面有洗澡間和更衣室，裏面有個衣櫥。我記得，衣櫥裏有間密室，裏面很安全，不知派什麼用場，我很想知道是否有人發現過它。走下樓梯，在樓梯的背面有扇門，通過一條隱蔽的走廊，可以通向另一棟小樓。

那時候，我有兩個老師。他們的姓發音一樣，我們把陳○稱作老陳先生、把陳Y稱作小陳先生。老陳先生教我古代散文、中國文學、名詩和一些歷史。我必須背誦孔夫子的名言。記憶確實是件難事，儘管我不喜歡背誦格言，但我還得做，因為一個有教養的中國人是應該知道這些的。小陳先生畢業於上海大學教育系，教我數學、物理和化學，以準備上海高級中學的入學考試。那時，我全靠家教學習，對兩位老師格外尊重，尤其是小陳先生，他懂的遠比我多，還教會我通過入學考試所需的所有知識。

老陳先生睡左邊的臥室，小陳先生睡右邊的。當父母不在杭州時，我們大多呆在第三棟樓裏。我就在那書房上課，在那餐廳吃飯。（很久以後，我參加了考試並順利通過，雖然接到了錄取通知，但那時日本正侵略中國，在日本佔領上海前，我們全家遷到了中國內地，我也就始終沒去成上海高級中學。）

我們的門衛趙來壽是個非常聰明的年輕人，儘管他沒受過什麼教育，但是會做很多別人不會做的事。他會做各種各樣的風箏（蝴蝶風箏、箱式風箏和襯衫風箏）。他給我做了一隻有18節的蜈蚣風箏。他先

是弄了些竹棍，然後把它們削細，將兩端綁在一起，圍成一個直徑約12英寸的圓圈，接著讓一根竹棍直著橫過圓圈的中間，再固定住，兩端分別超出圓圈邊緣12英寸左右，看起來就像蜈蚣的腳……只要不斷抽動三根細繩，它可以迎風飄起。

這個年輕的門衛必須花上好幾周的時間斷斷續續地製作這個風箏。當他做好了，就把風箏送給我，而我當然要迫不及待地去試飛。他舉著風箏，我站在離他大約20英寸的地方抓著風箏線。我一開始跑，他便放手，風箏一躍而上，在天空乘風飛翔。風箏線被扯得很緊，我一點一點地往外放線，風箏也隨之漸漸升高。「哎呀！」「多美的風箏啊！」它搖曳在風中，越飛越高。當風箏線全放完時，風箏高得幾乎都沒影兒了。

那時候父母都在杭州，父親知道趙來壽在做風箏。我告訴父親我還放了那風箏，他於是很想看我們放。第二天下午，我們三人一起來到房前，風箏很快沿山坡升了上去，它搖曳著，不斷上升。當風箏大約升到離地面500英尺高時，母親動作很快地從屋裏出來，手裏拿著一把剪刀，就在我眼面前，一下子剪斷了風箏線。風箏突然震顫了一下，就飄走了，越來越遠，一分鐘不到就消失得無影無蹤。我們都不禁失聲大叫：「啊！」母親卻情不自禁地放聲大笑。現在我知道我頑皮的舉止是從何而來的了。

母親在杭州郊區（紅鎮橋）買了一小塊地產。建有兩個網球場和一間磚房。我記得有兩間屋子和浴室是供運動者洗澡和換衣服的。母親還在龍井附近買了座小山，20英里左右，大概要半個小時的車程。她想把這塊地作為她和父親的墓地。

張靜江在莫干山的別墅

那座小山遍佈10多種植物。晚春時節，正是茶葉的豐收季節，我們有一夥工人負責摘嬌嫩的茶葉。我們去看採摘的過程。每個採茶人都穿著有口袋的圍裙，挑新吐出的嫩葉摘，然後裝進口袋，裝滿後，就把茶葉放在竹匾上，回來用木炭來加熱烘乾。一鍋新鮮茶葉最後變成只有三湯勺那麼多。這就是龍井綠茶，是最上等的茶葉，供我們自己享用。

離杭州市區大約100公里的地方有一片漂亮的修養度假勝地，叫莫干山，最初是外國人喜歡到那裏避暑，父親當政後收回了那裏的經營和管理權，並建立了莫干山療養區，使之成為一個行政單位。很多政府官員和有錢人家都在那兒建造或者買了自家的別墅，作為避暑之地，父親也在那兒建造了我們自己的別墅。

現在回想起來，那是一段如夢如幻的歲月。

一生不斷奔波的父親

◎往事仍在眼前◎

張乃昌（張靜江的長子）：

父親永遠是忙碌的。自從國民政府定都南京，父親就常在南京、上海和杭州三座城市間來回奔波。父親是國家建設委員會的委員長，要負責規劃和實施全國的經濟建設，包括修公路、建鐵路、建造公共發電廠、公共供水設施以及礦業和其他方面的工程。他利用他在社會上的聲譽，用民間集資的辦法創辦了許多公司，如江南汽車公司，江南鐵路公司和淮南煤礦公司等等，自己也擁有很多股份。這些公司對當時的國民經濟建設起到了不可替代的作用。這些公司的總部大都在南京，所以父親在南京的時間居多。

江南汽車公司是一個非常成功的公司。它是南京唯一一家公共汽車公司。吳琢之擔任總經理，我們叫他吳爸爸，他是位汽車工業專家，對汽車上的每一個零件都了如指掌。他買了裝有發動機的梅賽德斯汽車底盤，然後在上面造出車身。吳先生還買過一個林肯車底盤，自製了一個和林肯牌一樣的車身。我記得車門邊的花瓶圖案也和原裝的相同（我想他一定買過林肯汽車的一些部件）。他給家父造了一輛轎車。Lea Son是父親最喜歡的司機，他開起車來又快又安全，那輛林肯車就由他駕駛。

父親終年都非常繁忙，他的周圍不斷穿梭著各個公司的負責人、總會計師和各個專項工程的工程師，他們有時沒日沒夜地討論問題。

離南京約50英里的一個地方叫湯山，那裏有著名的溫泉。早先我

們常去那兒洗溫泉浴，據說對關節炎有好處，想必對治療父親的腿疾也會有幫助，所以他常驅車前去，這可能是他唯一的嗜好和享受。後來父親在那兒蓋了一座小房子，房子後頭有一前一後兩個水池。第一個水池貯藏新鮮的溫泉水（幾乎是沸騰的），第二個則用來使水涼下來。等到水涼得剛剛好，便可用於洗浴。水池裏的水通過管道通到房子樓下的地下室裏，那裏有三個房間，每個房間各有一個8乘5英尺，深3英尺的水池，供大家使用。

但是湯山給我們留下最深的印象卻不是沐浴而是車禍。從南京到湯山的公路是一段很好的高速公路，就像美國的高速公路一樣，幾乎都是混凝土澆築的。中間還有一段是樣板高速公路，這段路可以用來測試各種路表材料的耐久性，包括瀝青、混凝土等10種。當父親的車在那段路上行駛的時候，父親總是對司機說：「再快點，再快點」，

張靜江、朱逸民夫婦與同事們（張靜江身邊是他的孩子）。

Lea Son就得將那輛林肯車開得快之如飛。終於有一天，他們隨那輛車一起翻了跟頭。（據Lea Son說，當時那裏有一攤牛糞，裏面藏著一塊石頭，「是討厭汽車的鄉巴佬放的」）。汽車撞上了石頭，在牛糞上打滑，撞向路邊，最終導致翻車。父親的腿原先就有病，這下再次受傷，病情就更加嚴重。我們當時在杭州，一聽到消息就趕往南京。我們在醫院見到他，幸無大礙。但是從那以後他越發不良於行，他的髖關節變得僵硬，必須在兩個人（一邊一個）的攙扶下，才勉強可以步行。

大實業家一生奮鬥　最後兩袖清風

關於張靜江自己的經濟狀況，30年代以後就遠不如以前了。他的賬房李力經先生在撰文的最後寫道：「張在外表上雖似富翁，實則外強中乾，經濟情況已遠不如前了。他少年時有大量遺產可動用；中年時尚有一本萬利的通運公司收入；待其晚年，經濟已不寬裕，有時雖仍欲恣意揮霍，奈自知條件不夠，不得不有所節制。」

在講到他具體的財產時寫道：「張靜江在國內的主要收入為江南汽車公司的股息。自抗戰開始後，該公司有名無實，等於停業。在上海北京路一帶的房產原係租地造屋，虹口茂海路的一塊房地產亦早已經做了押款。馬思南路（即思南路）的六棟洋房，由王寵惠、鄭毓秀、魏道明等分別買去。該房產因張與其侄子乃燕所共有，故售款亦各半分用（張乃燕是靜江長兄弁群之子）。由於買賣雙方均屬舊友，故張仍保留未遷。此外除杭州葛嶺及莫干山尚有住宅各一所，南京新街口有一地產外，其他僅廣州沿江有一塊地，原擬備國民航業公司擴充為碼

頭倉庫之用，後租給中國石油公司作為油庫。抗戰勝利後，張命我與
上海石油公司負責人翁正源洽談，請其收購。通過數次磋商，草約亦
已簽訂，結果因付款辦法內約定其中半數（約5萬美金）須支付外匯，
蔣介石有密電致翁，不予同意而未成交。」[註15]

可知進入晚年的老張，在美國的生活並不寬裕，已經在等出賣不
動產過日子了。

【註釋】

註1：《中華民國名人傳·張人傑》，蔣永敬（臺灣），近代中國出版社，1984年

註2：同上

註3：〈建設委員會戚墅堰電廠〉，朱沛蓮（臺灣），《實業世界》，1975年

註4：〈漫談張靜江〉，李力經，上海市政協，《上海文史資料存稿彙編》，2002年

註5：〈建設委員會戚墅堰電廠〉，朱沛蓮（臺灣），《實業世界》，1975年

註6：〈張靜江手創杭江、淮南、江南三鐵路〉，朱雨香（臺灣），《實業世界》，1975年

註7：同上

註8：南京國家第二檔案館卷宗，453－224－2

註9：〈中國新鐵路之父——張靜江先生〉，周賢頌，臺灣《中央日報》，1950年9月16日

註10：同上

註11：同上

註12：《1929年的西湖博覽會》，趙福蓮，杭州出版社，2000年

註13：同上

註14：1929年7月，浙江省國術館成立，時任省長的張靜江任館長，同年舉辦了全國性的國術遊藝大會。

註15：〈漫談張靜江〉，李力經，上海市政協，《上海文史資料存稿彙編》，2002年

令人扼腕的龍章造紙廠

張家在清末曾在上海辦過一個非常著名的企業——龍章造紙廠，當時是上海最早的三家機器造紙廠之一。其他兩家是上海機器造紙局（後改為倫章造紙局），和華章造紙公司。從十九世紀八十年代至二十世紀二十年代凡40年間，上海只有這3家機器造紙廠。龍章造紙廠（原名龍章機器造紙公司）初創於1904年，與張靜江的舅舅龐萊臣有直接的關係。註1

1904年正是庚子亂後，清政府痛定思痛、決心以實業圖振興的時候，成立了商部，鼓勵實業投資。張靜江的舅舅龐萊臣那時在北京當官，是個沒有多大權力的小官（四品候補京堂），但是與商部及各地的實力派都有聯繫。清政府準備在北京建一家造紙廠，商部就派龐萊臣集股試辦。

龐萊臣很有經濟頭腦，不是一天到晚只

會玩兒字畫的老夫子。他提議把這個廠設在上海，並提出一個官督商辦的方案，居然全都被他搞定了，清政府撥出6萬銀兩以示支持。龐萊臣又在自己的親戚朋友中招股集資，首先當然拉上有錢的張家，又拉上有勢力的嚴子均家（嚴信厚之子），結果集資38萬兩，加上官方的6萬兩總共44萬兩，同時還享受了免稅的優惠待遇[註2]，這時張家就成了這個企業的大股東，並且直接掌管了這個企業的經營領導權，除了龐萊臣本人出任總經理之外，張家兄弟張墨耕、張讓之、張澹如及張家的親戚龐贊臣等，都是領導層的關鍵人物，張讓之出任廠長。

1904年秋天開始建廠，工廠的設計和監造都由日本王子製紙株式會社的崛越壽助擔任。工廠占地60畝，主要設備是美國的機器，有100#多烘缸長網造紙機2台、直徑60#烘缸1隻、直徑48#烘缸13隻，以及1200磅打漿機14台、14英尺蒸球2隻，並有1000千伏特發電機一座，自行發電。

上海南京路河南路路口的大綸綢緞局

張靜江兄弟的舅舅龐萊臣

1907年5月，龍章機器造紙公司在上海高昌廟日暉橋正式開工生產了，主要原料是破布，兼用部分木漿和稻草，主要產品是連史紙和毛邊紙，每日可生產10噸，這在當時已經是個了不起的數字了，因為當時以外國人為主要投資人的華章造紙公司日產也只有11噸。那時工人大約500餘人^{註3}，產品主要銷往北方地區。生產的紙張按品質分等級。質量最好的一般供綢緞店用來包紮綢緞料子；次等的供北方人用來糊牆壁和當窗戶紙；再次等的才用來當信封的襯紙，或是書畫、書籍的裱杅。後來品種又有所增加，有牛皮紙等。30年代中期從國外購進超級軋光機一套，可以生產雙龍牌膠版紙了。

這個在當時很有影響的企業，但是時運卻不好，時常碰到麻煩。

龍章造紙廠建成投產的時候，恰逢國外的進口洋紙大量銷往中國，國產紙張就必然受到衝擊，第一年虧損5萬兩，第二年積虧達18萬兩。不得已，1909年召開股東大會，忍痛議決：一、老股每股100兩折半作為50兩；二、添招新股20萬兩，每股50兩，調整後的資本總額為45萬餘兩。通過老股折半彌補積虧，增加新股以資周轉，遂得以度過初創時期的危機。^{註4}好在龍章造紙廠有60畝地皮，在必要的時候還可以靠出租地皮做生意。

龍章造紙廠的產品質量是很不錯的，因為使用的都是國外進口的先進設備，主要技術人員也是聘請國外專業技師，廠長張讓之對技術和工藝又精益求精（造紙的最後一道工序即壓光工藝，經過他的發明創造，大大提高了功效），使每年的產量可達850萬磅以上，產值可達法幣100萬元^{註5}。有的投機商人，甚至把龍章造紙廠出產的紙張買去換上外包裝，冒充進口紙張再賣。但是由於日本進口的洋連史紙的連年

掌管了張家許多企業的張墨耕

傾銷，使得中國的造紙廠在很長的時間裏，僅能維持而無法獲得較大的發展。這就是為什麼在長達40年的時間裏，上海的造紙界僅有3家工廠，而且還不斷地改組或更易業主，更無新廠建立的原因。

龍章造紙廠這種情況持續了許多年，直到1932年才出現轉機。《上海造紙志‧發展史略》記載：「長期以來，造紙生產僅能維持開銷。盈利依靠房地產收入的龍章造紙廠，斯時亦出現轉機，造紙生產興旺發達。民國23年改造2號機，又定購超級軋光機於民國24年1月，生產道林紙。該廠民國21—25年連年盈餘，5年合計盈利高達110萬元左右。」這樣一來才徹底翻身了。

這種情況概與時局的發展也有很大關係。1931年「九一八」事變、1932年上海「一二八」戰役，日本人兩次侵華行動，激起全國抵制日貨運動的高漲，國人競用國貨，同時報刊雜誌等宣傳用紙也大量增加，致使各造紙廠業務量大大增加，日夜開工，銷路劇增。

1935年國民政府頒行修正海關進口稅則，使進口洋紙課稅有所提高，對進口洋紙起了一定的遏制作用，給發展中的中國造紙廠也帶來新的機遇。這幾年是龍章造紙廠發展史上的黃金年代，也是中國造紙業的大發展時期。可惜這樣的年頭太少了。幾年後，日本人大舉入侵中國，情況又急轉直下了。

1937年「八一三」滬戰爆發，龍章造紙廠三次遭遇日本人的炸彈，損失巨大。後來國民黨政府要內遷，也動員大中型企業隨之內遷，這時股東之間發生了矛盾。有的主張全廠搬家，但苦於運輸困難；有的主張把廠房、設備賣掉，到了重慶另外再造；有的根本不同意遷走，認為搬入租界即可，仍可以求發展。龐萊臣老先生極力反對內遷，認為上海那麼多大廠子，一下子蜂湧重慶這個小地方，產銷都會有問題。可是多數股東被日本人的炸彈炸怕了，堅持要搬，結果把部分廠房、設備賣掉了，將大部分機器拆遷到重慶，準備另建新廠復工。

龍章造紙廠廠長、無線電專家張讓之夫婦

當時這個工廠的家當已經非常豐厚，機器裝民船竟裝了70餘艘，目標很大，在長江運輸途中又遭日本飛機轟炸，部分船隻失蹤。僅運輸一項就損失40餘萬元，加上在上海被炸毀和焚毀的廠房、材料，總計損失達70餘萬元。註6

當龍章造紙廠的大部隊遷往重慶後，上海的廠址空地上還存有數噸造紙原料和其他物資，日本人連這些剩餘物資也不肯放過。現在上海市檔案館裏存有一份龍章造紙廠這個時期的檔案卷宗，是1939年6、7月間，敵偽上海市警察局長盧英與漢奸市長傅筱庵之間的來往文書註7，從中可以得知事情的全過程。

盧英1939年6月19日的報告是：「為呈報南市憲兵隊將龍章造紙廠看守人員傳送南市區分局扣押、並派兵將該廠存爛布用卡車運走，復將看守人員交保釋放一案經過情形」。該報告說：「據南市區分局局長王芝章呈稱：竊查龍華路龍章造紙廠自滬戰發生後，即將重要物品以及機器等件先後搬走，廠內尚存爛布（造紙原料）七八千捆，約值價十萬左右，派專人看守。忽於6月2日奉齊藤駐在員諭，著將該廠人員盡數傳局收押。當將該廠看門人馬杏林、王祖祥、王卿泉等三名傳局，業經報表在案。至本月10日，始奉駐在員（日本人齊藤）諭，著將該馬杏林等三名交保開釋。茲據該管平陰橋分駐所巡官王玉林電話報稱，龍章造紙廠裏每日來有南市憲兵一名，押卡車七八輛，日本人一名，工人多名，將廠內爛布載運他去，地點不明。當以憲兵押運，不便追問……裝運情形隨時查報。」

傅筱庵接到這個報告於6月22日親自批示：「查實，匯報。」

盧英這個人腦子不是太清楚，於7月24日才續報：「經查，據南

市警署署長王芝章查復稱：此運是由名趙文欽者委託大東貿易公司運往日本。」

傅筱庵仍不放鬆，7月28日再批：「查明趙文欽是何人！補報！」

於是盧英8月18日再報：「據南市警署署長王芝章報稱：本案係憲兵隊率同人役到廠運出。至趙文欽，其人係在憲兵隊搬運，有通行許可證。委託書上查出，僅年39歲，住西康路49號。」

8月23日，傅筱庵確認是日本人幹的，而且已經把原料運到日本去了，才在報告上批道：「已悉」。註8

傅筱庵之所以這樣關注龍章造紙廠的事情，一再追查，無非是因為他知道這是張家的企業，重慶方面也會關注的，他必須小心對待的。

更為嚴重的是，等張家人費盡千辛萬苦把劫餘機器運到重慶，物價已大漲，帶去的資金實際派不了大用場，只能因地就簡地過日子。等好不容易把廠子重建起來，已經是負債累累，而且時間已是1940年年底了。新建的廠子雖然能生產白報紙、書面紙、包紮紙，但日產量僅是從前的三分之一。幾經周折後，1941年國民黨政府收購商股，只好把這個工廠盤給中央造紙廠了。註9

這期間還有一個非常無奈的插曲，個中曲折說來簡直叫人難以置信。當初隨船運往重慶的機器設備，有一部分走到南京一帶江面時竟被日本人截留，經過歷時兩年的種種交涉，方才准許運回上海。等到運到上海準備進入租界時，又遇到了日本憲兵隊的阻撓。具體經辦人員只好託人請求日本人向井代為辦理。向井代辦的結果是，一部分機件運入了租界，但是另一部分還是不予放行，被弄到虹口封存了起來。虹口是日本人在上海的大本營，也是日本特務機構興亞院的所在

地。興亞院乘機插手此事，指令廠方，要麼就地開廠生產，要麼將機器和紙漿賣給日本人。當時運到虹口的機器只是一部分，根本不配套，無法開工生產；要出售機器，又需董事會開會決定。正在不知如何取捨之際，太平洋戰爭爆發了，這批機器和原料又遭到日本海軍當局的查封……隨後又有興亞院下屬的製紙公司前來索買機器。工廠在數面夾擊的情況下，不得已，只好把這部分機器賣掉了事。[註10]

龍章造紙廠——成了張家的一段傷心事。

好夢難圓的靜安別墅

張家在上海曾經投資過許多著名的房地產，如前所述，有大世界所在的地皮、杏花樓、大上海電影院、百樂門、延安東路兩側的諸多里弄房產、北京路烏魯木齊路口的懿德公寓、思南路路西的諸多小洋樓、常德路延安路口的大片里弄房產、北四川路上的中西公寓……但是面積最大的還是位於南京西路上的靜安別墅。

靜安別墅是一條前臨南京路、後通威海路的著名新式里弄（現南京西路1025弄），也是上海最大的一處新式里弄，通道寬達5米，兩側共有200多棟3層的聯體樓房，現在屬於歷史文化建築[註11]。這處產業當初是張靜江的三弟張澹如牽頭、張家東號、南號共同投資建造的。主要投資人是張澹如、張芹伯和張叔馴，他們除了自己投資，還向浙江興業銀行貸款800萬兩。[註12]

張澹如是金融界著名人士，是浙江興業銀行的大股東，亦是創辦人之一，他還是清末大清銀行上海分行的大股東（辛亥革命後改為中國

銀行）。1921年，他參與發起成立上海
證券物品交易所，任理事，後來又投資
多項金融、貿易和其他企業，諸如上海
通易銀行（任董事長）、漢口武埠地產
公司、華中營業公司、中一信託公司、
江南鐵路公司、五和精鹽公司、長城唱
片公司等等[註13]。

　　他生意興旺的時候也是豪宅連雲，
在富民路、南京西路、四川北路上都有
大批房產，而一旦遇到金融風潮或是政
壇動盪，當老闆的亦常常心驚肉跳。他
的通易銀行後來就是因為房地產買賣擱
淺而大受牽累，最後不得不關門清算。
那時債權人天天來敲門，他索性跑到南
京找二哥，在南京租了一幢洋房安置了
家眷，自己每天一早來二哥家聊天。時
張靜江出任建設委員會委員長，常住
南京，而張澹如常至深夜才走。表面
上他對二哥並無所求，亦非避債，但債
權人看其常在張靜江身旁，就不敢亦不
便與之為難。如是者約有一年，直至
該行的清理工作告一段落，才打道回
府。[註14]

張靜江的三弟張澹如

南京西路上的靜安別墅

217

儘管如此，張澹如的眼光還是不錯的，尤其在房地產界始終是個活躍分子，動輒就是大手筆。他看中了靜安寺路（現南京西路）靠近石門路的一塊地皮，適合建造新式里弄。那時上海灘中產階級越來越多，人們都想住好房子、好地段，但是花園洋房太貴，老式里弄又太寒酸，於是看中新式里弄。這種房子雖是里弄的形式，但兼有花園洋房的特性，相對獨立，有衛生設備，又有一小塊花園綠地，所以2、30年代，新式里弄大行其道。張澹如看好行情，決心大幹一場，於1926年終於可以開工了。註15

可是這個產業從一誕生起，就麻煩不斷，開工的第二年就遇上了北伐戰爭。房地產業是最經不起戰爭的了，一打仗人心就恐慌，無心買房子了，所以建好的房子就賣不出去，降價還是賣不出去，甚至連租也租不出去。房子賣不出去，銀行貸款就還不出，商業信譽就下降。一晃幾年過去了，形勢不僅沒有好轉，又遇上了1932年的「一二八」滬戰，這樣一來，一處上好的房地產，卻成了無人問津的「死胡同」。

「一二八」打仗時，蘇州河邊的石路一帶也遭到了襲擊。與張家一路之隔的一家人家，兩位先生正在窗前下棋，突然一顆流彈從窗外飛入，兩個人的腦袋頓時開花……街坊鄰居一片混亂，紛紛往南邊逃命。住在石路張家大宅院的張家人這時也只得往市中心逃，適逢靜安別墅的房子租不出去，那麼正好自家人住吧。

自然，張家東號、南號都大虧特虧，投進去的資金等於跑了湯。最後房子由浙江興業銀行這個債權人收去了。等到租界「孤島」內經濟畸形繁榮時，這處產業已是別人的了。註16

從那以後，張澹如其他的事業也在走下坡路，時不時地總要賣房子。1931年，他投資15萬兩銀，與國華銀行、大陸銀行合夥組成協成地產銀團，買下北四川路、崇明路的地產一塊，並以此作為抵押，向中國營業公司抵押借款造大樓，建成一座外國公寓（7層），一座中國公寓（5層），但是沒有多少年就賣掉了。他在給國華銀行和大陸銀行的信中説：「……無如鄙人經濟困難達於極點，現在固無力籌措，即將來想亦難設法，長此以往，實屬非計。再四思維，只有將鄙人名下股份如數歸併於貴處……」話説得客氣，但是底氣全無了，其悲觀的心境可以想見。註17

張家南號的懿德公寓

大綸綢緞局
——張家與絲綢的最後聯繫

張家在上海的又一個著名企業，是南京東路靠近外灘的大綸綢緞局。這個綢緞局設在南京東路河南中路路口，樓高4層，門面開闊，西洋派頭，非常漂

亮，樓頂上巨幅「大綸」店招足有一丈高。該局業務上不僅開門市，還辦理國內外批發，每天前來辦貨的各地商賈絡繹不絕，產品遠銷東南亞、歐洲和俄羅斯，生意曾經非常紅火，是中國人開在南京路上的最早的著名綢緞店之一，與老介福、老九章、老九和、老九綸、大盛一起，被譽為綢緞業界6大最興旺、信譽最卓著的店家。註18

這個企業的主持人是張家東號的老四張墨根（名增翰），也是實業界的能人，早年曾留學法國，回國後掌管張家的鹽公堂和大綸綢緞局。鹽公堂的生意在民國後，由於國民政府的干預，利潤變得越來越薄了。大綸綢緞局則是常年生意興隆，一來佔據了南京路最好的地段，二來租界裏富人多，奢侈品歷來是好銷的。該局的生意一直興旺到解放。

張家這個企業創辦於1905年（光緒三十一年），張寶善在世時就有了。張家有家鄉的輯里絲和滬杭一帶的絲綢廠作後盾，又有多年的經商經驗，即使在同行競爭激烈的30年代中期，大綸綢緞局也保持了良好的競爭勢頭。1937年「八一三」事變後，上海租界裏人口劇增，江南一帶的有錢人都往租界裏擁，社會需求量很大，消費繁殷，更促進了綢緞生意的活躍。

大綸綢緞局從創辦到1952年轉業，共走過了48個年頭。之所以要轉業，主要是因為解放後社會時尚變了，有鈔票人家大多遷往海外，社會風氣逐漸崇尚簡樸了，穿金掛綠的綢緞服裝被視為奢侈品，甚至屬於資產階級生活方式，不時興了，銷售量自然大為降低，經營就面臨困難了。

　　當時不僅是張家的大綸綢緞局，也不僅是綢緞業，凡是與高檔消費品有關的行業，業務量都一下子萎縮了。1952年，與大綸綢緞局一起轉業或歇業的還有老九章公記綢緞局、老九和綢緞局、立興祥綢緞局等。張家在張墨耕的主持下，在一個適當的機會，乾脆關閉了大綸綢緞局，抽出資金創辦了大綸冶煉廠，生產9999電解鉛去了[註19]。當時主要是考慮到，既然綢緞生意不好做，短時期不會有根本改變，那就應當轉產。解放後國家要大辦工業，工業上需要一種高質量的電解鉛，而張澹如的兒子張振飛的一個同學恰恰擅長此行，剛從美國留學返滬，於是就請其擔任總工程師，張振飛當廠長，張墨根任董事長，在上海西區的南丹路匯站街辦起了大綸冶煉廠，很快生產出了國家急需的「四九鉛」（即9999%的電解鉛），成為該行業的名牌產品。後來張墨根年紀大了就由七弟張鏡芙接辦。張鏡芙在該廠公私合營後屬於資方人員，一直工作到退休，曾被評為先進工作者，於1964年去世。

　　再後來可能由於環境污染關係，這個廠於「文革」中內遷到雲南去了。

曾經呼風喚雨的張家兄弟

　　張家辦實業的人很多。張靜江兄弟中除了他本人外，張弁群（老大）曾在家鄉創辦潯溪綢廠，還擔任張靜江創辦的通運公司總經理，負責該公司在國內的事務。他的幾個弟弟除了張澹如、張墨耕，還有老五張讓之（增謙）、老六張久香（增佩）、和老七張鏡芙（增華），亦是商界好手。他們在上海和南潯辦工廠、做股票、買房產，曾辦過

永華油漆廠、錦綸綢緞廠、潯震電燈公司、潯震發電廠，還經營過股票交易所中的吉興號，各自都有一番甘苦。

老五張讓之（1886－1949）是個機電工業的行家，南潯的潯震發電廠和潯震電燈公司都是他一手經辦的。他一向喜歡擺弄各種家用小電器，拼裝製作全都不在話下。他的後代中至今流傳著一個感人的故事，那是他的第一位夫人去世的時候，由於他們夫妻感情很深，他怎麼也不相信妻子從此不再醒來，竟在妻子的棺材裏安裝了一個電話，幻想妻子有一天一旦醒來，就會馬上給他打電話。

老六張久香（1899－1963）原本在聖約翰大學讀書，畢業後赴美深造，在美國麻省理工大學攻研化學，學成回國後除了打理自己的企業，還曾就職東南銀行、錦雲綢廠、永華油漆廠，抗戰中任職於宋子文主持的香港建設銀公司，抗戰勝利後還管理過張靜江開辦的淮南煤礦，1949年以後經臺灣去澳大利亞，任遠東百貨、中華紡織公司的監察人。

張家東號最小的兄弟是老七張鏡芙（1900－1964），也是個很有能耐、很有個性的人物。他為人只認朋友，不管黨派，所以，儘管他的二哥是國民黨的大官，他卻不知不覺地交了一些中共地下黨的朋友，以至於在抗戰中，中共上海地下黨組織竟把一個電臺安放在他家裏。那是在襄陽南路大方新村中的最大的一棟房子，電臺工作人員就隱蔽在他家的3樓，所以，美國人在日本扔原子彈、日本天皇宣佈投降的消息，他們在事發後很快就知道了。

他的這段經歷後來也幫了他一次大忙。他原先還是股票交易市場上的弄潮兒，與朋友葛吉生合夥開了「吉興號」股票經紀字號，喜歡

做外國股票，張家的親戚也都願意委託他做股票，認為把錢交給他很放心。解放初，上海市軍政委員會查封九江路證券大樓的時候，當時凡在大樓裏的人都被一網打盡，無一倖免。張鏡芙天天呆在裏面，本應也被關進去，恰巧這一天有朋友把他叫出去吃飯，使他成了「漏網之魚」，後來才知道，是朋友暗中幫他的忙。

50年代中期公私合營之後，張家這些幹慣了自家企業的大小老闆們，凡是沒有出國的就都成了資方人員，他們一下子變得無所事事了，有力氣也有些使不上了，因為他們在單位裏擔任的都是副職，正職都是公方人員。過去商場上那種你死我活的緊張感沒有了，但增資的機會和做事的樂趣也大為減少了，日子一下子清閒起來。但是這種清閒日子沒過多久，「反右」、「文革」等政治運動就呼嘯來了，接著就是一系列的苦難。抄家、挨鬥……他們凡是留在大陸的「狗崽子」，沒有一家能夠倖免。

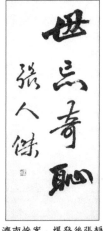

「濟南慘案」爆發後張靜江題詞「毋忘奇恥」

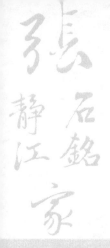

【註釋】

註1：《上海造紙志》，上海社會科學出版社，1996年

註2：《上海輕工業志》，上海社會科學出版社，1996年

註3：《上海造紙志・大事記》記載，1913年6月龍章造紙廠工人500餘人罷工三天，要求增加工資，反對工頭壓迫。

註4：《上海造紙志》，上海社會科學出版社，1996年

註5：《中國近現代史大典》，中共黨史出版社，1992年

註6：《上海造紙志》，上海社會科學出版社，1996年

註7：上海檔案館卷宗，R1－3－307

註8：同上

註9：《中國近現代史大典》，中共黨史出版社，1992年

註10：上海檔案館卷宗，R43－2－3042

註11：《上海市靜安區志》，上海社會科學出版社，1996年

註12：宋路霞採訪筆記：2005年10月16日訪問張澤琪於蘇州

註13：《中國近代最大的絲商群體──湖州南潯的「四象八牛」》，陳永昊等主編，浙江人民出版社，2001年

註14：〈漫談張靜江〉，李力經，上海市政協，《上海文史資料存稿匯編》，2002年

註15：《上海靜安區志》，上海社會科學出版社，1996年

註16：宋路霞採訪筆記：2006年2月3日採訪張穎初於上海五原路

註17：上海檔案館卷宗，Q266－1－625

註18：《上海黃浦區商業志》，上海科學技術出版社，1995年

註19：同上

6年創辦了3家銀行

張芹伯（譜名乃熊1890－1945）是張氏家族的長房長孫，張石銘的大兒子，一位謙和、內向的學者和銀行家，在大家族中很有威望。

張家後人談起這位老人，總以「老夫子」、「書呆子」、「好話（音WU）頭」、「老好人」論之。其實不然，他打理家業也是一把好手——他在上海和天津有很多房地產，在南通建有圍墾公司，在東北也建有牧場，還先後創辦了3家銀行，即東南信託公司、江海銀行和大康銀行，他擔任了這些銀行的董事長。[註1]

張芹伯的品性和為人是一面旗幟，他出面辦銀行，諸多親戚朋友，包括銀行界、實業界很有名望的人物，如吳蘊齋、殷繼常、譚敬、沈萊州、劉荇蓀、張叔培、張振飛等都來入股，後期還有王曉籟、盛蘋臣、徐士

張靜江家族

浩、李祖永、李祖基、李祖洵、姚慕蓮、吳同文、吳啟鼎、孫錫三、張星聯、盛丕華等等加盟，很能說明他的人緣和號召力。

熟悉上海金融界的人一看就知道，這個名單絕不是等閒之輩，而是上海灘頗有影響的人物。其中譚敬是華業企業公司的董事長，廣東人，有雄厚的經濟基礎；殷繼常是金城銀行的副經理；張叔培原是振業銀行的副經理；沈萊州是上海絨線大王（生產小囡牌絨線，這個名牌至今還在）；張振飛是張澹如的小兒子，原是振業銀行的總稽核。

到了抗戰勝利後經國民黨官方「整頓」，加入領導層中的「大腕兒」人物就更多了，其中王曉籟是號稱海上聞人的人物，曾任上海總商會會長、全國商會聯合會理事長，他還是大來、天來、泰來等絲廠的老闆（他的一個兒子後來娶了張秉三的一個女兒）；盛蘋臣是盛宣懷的兒子（盛老七），在重慶時是孔祥熙、宋藹齡的「公館派」人物；李祖永、李祖基、李祖洵兄弟，是著名實業

藏書家、實業家張芹伯（乃熊）

型家族浙江小港李家的實權派，其中李祖永是大業印刷公司的董事長兼總經理；另外，徐士浩是大中華火柴公司的董事長；吳同文是顏料業界的鉅子（北京西路常德路路口綠房子的主人）；姚慕蓮是上海內地自來水公司的董事長兼總經理，還是上海女子商業儲蓄銀行和中國漁牧公司的董事長（他與張家還是親戚，他的兒子娶了張叔馴妻子徐懋倩的三妹）；孫錫三是壽州孫氏家族企業的代表人物、中孚銀行後期的總經理；張星聯是民國財政部次長張壽庸的兒子；吳啟鼎是四明銀行的總經理；盛丕華是創辦了很多企業的著名實業家，生意上與張家是老搭檔，大世界對面的紅棉酒家就是他創辦的，張家也是股東，所以張家後代結婚，有不少是在紅棉酒家辦婚宴；張家的這些銀行也常借紅棉酒家開董事會。盛丕華50年代還出任上海市副市長……

當然，張氏家族的資本在其中總是佔優勢。張家人除了張芹伯擔任董事長外，張蔥玉、張秉三、張振飛等也在其中擔任重要職務。

3家銀行中創辦最早，而且影響較大、時間較長的是東南信託公司（1949年1月改稱東南商業信託銀行），成立於1931年5月，註冊資金為100萬元，一次收齊。發起人是張芹伯、孔頌甫和張蔥玉（即常務董事）；最初的董事中有譚敬、朱海初、張景呂、張振飛、程伯奮、張叔培；監察人為徐玉書、張仲森、周伯樂。張叔培擔任經理，顧趾楨為襄理。顧趾楨後來成為張蔥玉的小舅子（他的姐姐顧湄1938年與張蔥玉結婚）。這是家純粹的商業銀行，營業範圍包括匯兌及押匯、各種存款、放款、票據承兌及貼現、買賣有價證券、代理收付款項、保管貴重物品等等，行址設在距外灘不遠的中正東路（即現在的延安東路）134號，是一棟非常氣派的洋樓。[註2]

張芹伯的考證墨蹟

3年後他又創辦了江海銀行（1934年3月），總行設在號稱上海華資銀行最集中的地段（寧波路109號）。這個銀行的註冊資金也是100萬元。人家辦銀行資金往往是逐步到位的，而張家總是一次收齊。該行的經營一直很不錯，嗣後又在杭州和重慶設立了分行。抗戰中總行前往重慶，由張家的老本家張秉三掌管，上海行改成分行。上海分行的資本註冊為55萬元，董事和監察人中有孫吳瞻、吳蘊齋、黃彥英、徐伯熊、盛丕華、包誠德。抗戰後期（1944年11月）上海分行因無法承受汪偽財政部的擠壓，只得宣佈停業，直到一年後抗戰勝利方得以復業。抗戰勝利以後總行遷回上海。總行資本戰後仍為100萬元，每股100元。最興旺的時候，這個銀行的職員有180人。註3

第3家銀行是大康銀行（1948年4月更名為大康商業銀行），行址在寧波路112號，創辦於1936年。1936年這個年頭，是世界性的經濟危機已經波及上海，造成了經濟大恐慌的年頭，而張芹

伯在這時仍有力道發起創辦新的銀行，自是不同凡響。

　　大康銀行最初註冊資金50萬元，跟東南信託公司和江海銀行一樣，都是一次收足。1941年9月增加資本150萬元，連同原先的資金共計200萬元。1942年6月，汪偽政府財政部下令通行中儲券，原先的法幣只能以2比1的比價兌換成中儲券，就「縮」成了100萬元。後來的幾年中，汪偽財政部一再指令要增資，經董事極力維持，到1945年8月抗戰勝利時，該行的資本已經增加到2000萬元。抗戰勝利後繼續增資，至1947年5月增加到6000萬元（其中有通貨膨脹的因素）。該行共有職員60餘人，在張芹伯去世之後，後期的經理是原長城銀行的經理葛永祺，張家的老鄉李松青出任了後期的董事長，張蕙玉和華新呢絨公司總經理陳梅芳為常務董事。監察人仍舊請出張家的老法師張秉三。註4

　　這個銀行規模雖不太大，但業務範圍齊全，除了國際匯兌以外，跟一般大銀行沒有大的兩樣，除了辦理定、活期存款，還辦理各種抵押放款或貼現、票據承兌、國內匯款、代理收付款項、買賣公債、庫券、代理投資及出租保險箱業務，甚至還代理招募公司債券及公司股份，生意一度十分興旺。

抗戰勝利之後反而大權旁落

　　張家的這三家銀行與張家的其他生意一樣，在抗戰之前日子還是很好過的，日本鬼子一打進來，形勢大變。上海「八一三」戰事之後不久，隨著國民政府的西撤，上海大批企業也隨之西遷，資金抽走，

市場結構變形，房地產價格大跌，張家的所有企業一下子都萎縮了。

　　抗戰中東南信託公司和大康銀行還能勉強對付度日，江海銀行因為總行遷到了重慶，而留在上海的分行就招來了汪偽財政部的嫉恨，一再遭受打擊。在汪偽政府宣佈以中儲銀行發行的中儲券為流通貨幣之後，江海銀行上海分行原本55萬元資本，就「縮水」成27.5萬元了。

　　1943年年底，偽財政部一紙命令下來：「查總行設在華北、香港、南洋或內地（非和平區）之金融機關，其上海分行或辦事處資本，業經本部核定，一律限於三十二年十二月三十一日以前，撥足二百萬元，以利營運，否則勒令停閉。」（汪偽財政部錢二字第252號訓令）但是分行與總行之間的聯繫在戰爭年代已經被割斷，分行無法從總行方面獲得撥款，只好由留在上海的董事、監察人籌商墊撥資本，好歹總算湊了172.5萬元，與原先的27.5萬元加起來，合為200萬之數，才算度過第一關。

　　誰知事情還沒算完，第二年，汪偽財政部看看你們這些總行設在重慶的銀行，日子過得還不錯過，氣不打一處來，於是又砍來一刀，於1944年11月又勒令增資，這次宣佈必須增資到750萬元才行，否則一律勒令停業（汪偽財政部〈強化上海金融機關業務綱要及其實行辦法〉）。這樣一來江海銀行上海分行吃不消了，無法拿出這麼多錢，只好宣佈停業，並在報紙上發出公告，通告各業務上往來客戶，發還存款，收回放款，關門打烊。一年後抗戰勝利，總行遷回了上海，方才恢復了營業。註5

　　誰知好景不長，「盼中央，盼中央，中央來了更遭殃。」抗戰勝利的歡慶鑼鼓沒給張家帶來多少好運，反而給他們帶來很多麻煩。面

臨重慶回來的接收大員的新政策，張家一下子又陷入了困境。

勝利後的社會輿論是群情激昂、同仇敵愾地要求懲治、肅清漢奸，沒收漢奸的財產，清算漢奸的罪行，這當然是正義的，理所當然的。但是凡是大規模的群眾運動，弄不好就要搞過頭的。所以，抓漢奸抓到了一定的時候，就出現了什麼抓「偽老闆」、「偽職員」、「偽演員」，甚至還有什麼「偽學生」，張家的這些沒有去重慶和內地的人，一時間好像都有了「偽」的嫌疑，他們感到臉上無光，受到歧視，好像離漢奸不遠了似的。但是他們在敵偽時期遇到的欺壓卻無人注意了。

東南信託公司面臨最直接的問題，是該行的董事中出了兩個漢奸，即海上「三老」之中的聞蘭亭和林康候。其實他們兩個在抗戰時期暗中都是與重慶有聯繫的，所以雖然勝利後被捕了，但是關在由國民黨軍統部門掌管的一個優待處（建國中路上的楚園，原來是汪偽時期上海警察局長盧英的房子）。但是一旦被押上了審判台，況且是個有錢、有銀行股資的主兒，那麼許多事情一下子就更講不清了，財產必須凍結，銀行裏的股份也必須凍結。他們自己的事情自然各由自己的負責，問題是張家的東南信託公司也倍受連累，好像成了漢奸銀行似的，被勒令清查、整頓、重組，害得常務董事張葱玉忙不迭地寫報告，向財政部匯報行裏一切：偽幣帳目早已清理完畢；聞蘭亭和林康候的股款也已封存；往來客戶中該糾正的內容已經糾正，「……伏乞鈞部鑒核，俯准備查，不勝感禱之至。」誠惶誠恐，唯恐報告得不周。

張芹伯已於1945年10月去世了，張叔馴早於1938年出國，這時張家大房的一切只能由張葱玉兜著。張葱玉一直是大少爺，整天埋頭

古代書畫，大概還從未這麼陪盡小心，這麼頭大過。[註6]

　　這些倒還在其次，更要命的是接收大員們出臺了一項新的金融政策，這項政策規定：抗戰中淪陷區流通的中儲券，限定200元才能兌換1元國民黨政府發行的法幣。也就是說，大家手裏的鈔票，一下子要「縮水」200倍。換句話說，東南信託公司在抗戰中3次增資後的2900萬元資本，眼下兌換成法幣，就只剩下14萬5千元了。而要按照抗戰之前登記的100萬元重新註冊資本，就差了85萬5千元，要想繼續開業，就必須補足這些資本！

　　這下問題大了。張家在八年抗戰中，家族中最牢靠的搖錢樹張恒源鹽公堂的生意被汪偽搶奪了，鄉下的田也荒了，在閘北的絲廠和典當受到日本人炮火的轟炸，損失頗重[註7]，房地產生意漲漲落落，哪裡還拿得出這麼多錢？要想保住這個銀行，就只能再招新股。可是這樣一來，誰出的錢多，誰就擁有領導權，張家就必須交出領導權了。好在張家畢竟樹大根深，招股不成問題，人們趨之若騖。經過招股，新的股東和大量資金加入，儘管其中有許多張家的老朋友，張家在其中仍有股份，但是董事長職位就不再是張家的了。

　　這樣一個局面，叫張家的臉面往哪裡放呢！大少爺張蔥玉受不了了，他不幹了，這個銀行他也不要投資了，原先他名下的股份也不要了，乾脆都賣掉了事。1946年9月，張蔥玉立下字據，把60萬股份全賣給李祖基了。剩下的還有什麼好處他也不要了，隨便什麼人拿去好了。他傷心極了。據他的舅子顧趾楨說，他名下的股份清理後還有不少鈔票，他都賭氣不要了。

　　整頓後的東南信託公司就是小港李家的天下了。董事長是小港李

家的李祖永；常務董事是譚敬和李祖基；總經理是李祖基。董事長和總經理都被李家把持了。

大康銀行和江海銀行也被200兌1的政策弄得焦頭爛額，最後的結局也是大同小異。這一切變故，張芹伯看在眼裏，作為一個大家族的當家人，自然是無法釋懷的。他是個非常內向的人，從不願把內心的痛苦向大家發洩出來。他非常喜歡孩子，尤其是大女兒啟寶（張澤玘，字穎初），他天天盼望著女兒早日從重慶回來。啟寶自然也是歸心似箭，無奈大批原先撤到西部的黨政軍人員及其家屬都急欲東返，人多船少，一票難求，一張統艙的船票，黑市上也要賣到二兩金子的價錢，還買不到。等到大女兒回到上海，他老人家已經去世了。那時抗戰勝利剛剛滿2個月。

他沒能看到張家後來的局面，想必跟銀行面臨的困境不無關係。

鄭振鐸70萬元收購了張家藏書

辦銀行，搞經營，並非張芹伯的最愛，只是作為長房長孫，他不得不打理家業而已。他心地善良，不善於算計，在矛盾尖銳的場合，他寧可退居二線。他每天只在銀行上半天班，回家吃過中飯，就一頭扎到他的書房裏，擺弄他的藏書去了。

讀書、藏書、研究版本目錄，才是他最用心的事業。張芹伯繼承了其父大部分藏書，也繼承了其父樂於考證的優雅心性，只要一卷書在手，他可以忘卻窗外的一切。若是碰到久已仰慕的珍本、孤本，他寧可拿出一條弄堂的代價。他曾賣掉了在天津的房地產，用來購買一

鄭振鐸先生

批宋元珍本，宋版的《資治通鑑》就是那時買來的其中一部，僅這一部書就裝了整整一大箱子。註8

「八一三」淞滬會戰一聲炮響，打破了老夫子們的懷古舊夢，上海的租界頓成孤島。孤島生活並非真空之地，漸漸地，殃及到了藏書家們的藏書。戰爭年代，世道紛亂，大家都在逃難，家有藏書的人家生怕在大亂年頭，無力照應藏書，與其成為炮灰，還不如早早送出家門，於是紛紛出以易米。不僅是藏書，大凡戰時不易保住的東西，這時一律市價大跌，紛紛湧上街頭地攤。

太平洋戰爭爆發之前，上海租界裏還有暫時的相對平靜，於是形成了一個非常特殊的戰時商場。一方面江南積累了多少代人的世家藏書，從水路、陸路整車、整船地不斷運到上海；另一方面，南北書商，包括美國、日本的文物販子，紛紛挾巨款前來搶購，而南北書商的背後，往往有一個國外的什麼文化機構作後盾。鄭振鐸先生就曾寫到，他曾親眼看到，一家北方的舊書商從上海

買下大宗古籍線裝書，在一個郵局裏打包北寄，一次就打了1000多包（因為日本人在北方大肆收購中國古書）。中國讀書人的民族良心被深深地刺痛了，有識之士紛紛致電已撤到重慶了的國民黨政府部門，呼籲應當由國家出面，來搶救這些頻臨遭劫的古代珍貴典籍，否則，將來我們的子孫後代將要遠渡重洋，才能看到自己民族的珍籍了。

在這個背景下，重慶方面成立了一個秘密的搶救中國古籍的「文獻保存同志會」，具體負責在淪陷區，當時主要是在上海和香港兩地，搶救那些行將被席捲而去的宋元古版和其他珍貴藏書。這個工作小組由當時的中央圖書館館長蔣復璁、財政部次長張壽庸，以及版本目錄學界的著名專家鄭振鐸、徐森玉、張元濟、葉恭綽、何炳松等人組成。他們在朱家驊、陳立夫的支持下，運用中英庚款先墊付的款項和中央圖書館新館的建設費用，迅速展開工作，冒著生命危險，在淪陷區敵人的鼻子底下與奸商搶時間，搶救故家藏書。這項工作從1940年年初到1941年年底太平洋戰爭爆發之前，歷時2年，取得了輝煌的成果。這些成果中，就包括了張家三代人的寶貝藏書。

到張家來收購書的是鄭振鐸先生，具體牽線人是張蔥玉。張芹伯與鄭振鐸原先也認識，但是要到家裏來看書、買書，還有個購書價格問題，中間的協調人是必不可少的。從現在公佈出來的資料來看，這個中間人是張蔥玉。張蔥玉本人也有很多書這時也由鄭振鐸收購去，包括他那視為特藏的200部歷代曆書。

整個收書的過程，包括討價還價的過程，以及鄭振鐸對張家藏書的評價、當時看到這些藏書時的心情等等，現在都已經公佈出來了，是保存在臺灣國家圖書館裏的、當年鄭振鐸寫給蔣復璁的一批信件。

張芹伯（乃熊）的善本書目

張芹伯手書自己的善本書目

可以看得很清楚，這個過程是很複雜的。鄭振鐸的這些信函，現經著名旅美學者沈津先生整理注釋，發表在北京國家圖書館的《文獻》雜誌上[註9]。其中有關與張芹伯打交道、收購張家藏書的內容占了不少篇幅。65年之後，回過頭來看看這些當時的珍貴的真實記錄，仍令人為張芹伯這位老夫子捏一把汗，因為熟悉他的品行的人都知道，他根本不想出賣這些藏書，那真是在割他的肉啊！

據他的兒子張澤瑨先生說，其父出售這些藏書並非因家裏經濟不寬裕、等錢花，也不是因為家裏地方小，放不下了，那時日本人還沒有進入租界呢。真正的原因是聽張蔥玉說，日本人看中了張家的藏書，正在託人聯繫高價購買，而國家也正在搶救古籍善本。張芹伯覺得，與其被日本人搶去，還不如賣給國家。他感到大勢所趨，戰亂中人都說不定哪天都沒命了，這些寶貝書靠個人力量是沒有安全保障的，還是交給國家合適些。在這種情況下，就決定脫手了。

後來遠在重慶的朱家驊還給他寫過一封信，也是勸他識大局，把書賣給國家，還跟他敘鄉情。他看了信很高興，因為朱家驊是張靜江的老部下，曾任杭州市市長，與張家非常熟悉。有了朱家驊的鼓勵，他才下決心把最好的書拿了出來。

當鄭振鐸聽說美國人也在動張家藏書的腦筋時，著急地給蔣復璁寫信說：「風聞張芹伯之弟在美國留學者，曾於最近來函，欲代美國某圖書館大購宋版書。平（北京）賈已開出書單若干寄去，國寶一失，不可復得，大可焦慮！務懇速為設法，或由渝設法通知張某，不應代為收購，欲購者，必須經過審查，驗明無關文獻，並非國寶，始可任其寄發。否則，必須設法截留。此事關係民族文化太大，務懇告知騮（朱家驊）、立（杭立武）二公，速想一妥善辦法為荷！」（1940年5月21日）其實當時張芹伯並沒有在美國留學的弟弟，可能是誤傳，但是把鄭振鐸緊張得不得了。但是各種勢力都在「虎視」張家藏書，這倒是事實。

在1940年7月20日的信中，鄭振鐸又匯報說，他已經接觸到張芹伯的藏書了，「刻下積極進行者，為張芹伯及嘉業堂二批書。芹伯書中僅宋版已有七十餘種，黃跋本有百種左右，誠南瞿北楊之後勁也。」在這封信中鄭振鐸還提到張蔥玉的藏書：「現存款無幾，劉晦之之宋版書及張蔥玉書，均亟待續款寄到，始可進行。」

鄭振鐸買到張家的第一批書，看來是在1940年10月底拿到手的。鄭振鐸在11月1日的信中向蔣復璁匯報說：「芹款已到，連定洋萬元，共已付四萬元（上月底付三萬）。昨日傍晚，取來黃氏校跋書一百零一種，三百又三冊（中一種僅有藏印），點收無誤。茲抄目奉上，乞

存查。此批書琳琅滿目，迎接不暇，雖僅二箱，而浩若淵海，黃跋書當以此為巨觀矣。披覽終夜，喜而不寐，摩挲未幾，幾於忘機。宋元部分，待點查完畢後，亦即可收下，乞勿念！」得寶後的欣喜之情，已經情不自禁。

鄭振鐸不愧為識貨朋友，這101種黃丕烈校跋過的藏書，是張芹伯藏書的一大特色，是得之非常不易的寶貝。張芹伯對此非常得意，引以為榮，他曾得意地對兒子說：「黃跋書，全國沒有人比我多了！」註10

到1941年5月，鄭振鐸方才真正接觸到張芹伯的宋版書中的至精部分。他在這年5月21日的匯報信中具體列舉了4家藏書，而張芹伯的芹圃藏書列在第一位。信中說：「（一）張芹伯（芹圃）之藏書一大批（衣仁先生攜上之《芹圃善本書目》即張目）總數約一千五百餘種。除普通書外，善本約有一千二百餘種，惟亦有中下之品竄雜其間。最精之品，總在五六百種以上。『經部』若宋刊《纂圖互注周易》、宋刊《易注》、元刊《韓詩外傳》、宋刊《儀禮經傳通釋》……『史部』若宋刊《史記》、宋刊《五代史記》、宋龍爪本《資治通鑑》、宋刊《通鑑紀事本末》……『子部』若元刊《孔子家語》、宋刊《近思後錄》宋刊《黃氏日鈔》……『集部』若宋刊《楚辭辨正》、宋刊《反離騷》、元刊《李太白集》、宋刊《草堂詩箋》……大半均為銘心絕品。其他明鈔明刊，亦均佳。黃堯圃校跋書亦在百種以上。……曾偕森公（徐森玉，字鴻寶，湖州人）至其寓所審閱數次，極感滿意，頗有在山陰道上應接不暇之勢。尚擬再往一二次，俾能盡讀其精品……」

這是一批張家藏書中的至精部分，在價錢上自然有一番討價還價，直到這年的十月底，總算雙方最後談妥了，決定以70萬元「搞定」（中有物價飛漲的因素），並簽下了購書合同。這時距離太平洋戰爭爆發，只有一個多月了。

現在看來，當時的確是到了非常緊張的時刻了，因為只要日本人一打入租界，所有的掩護屏障就都不存在了，搶救圖書的工作就根本無法進行了。

在1941年12月2日，也就是說，距太平洋戰爭爆發前只剩下6天，鄭振鐸還沉浸在獲得張家藏書的巨大喜悅之中。他在給蔣復璁的匯報信中情不自禁地說：「芹貨點收，將次完竣，佳品繽紛，應接不暇，靜夜孤燈，批卷相對，別有一種異香溢出冊外，誠足自喜自慰矣。茲將接收之宋本編目奉上，俾便考查……我輩有此一批宋本加入庫中，頓添無窮生氣，若再得瞿、潘、楊所藏，則恐不僅人間第一，亦且遠邁天祿琳琅而上之矣！三百年來，殆將以吾藏為最巨觀也！……」

當然，在鄭振鐸無限欣喜的時候，可能就是張芹伯孤燈落淚的時候。他在把書賣出的時候，心中還存有將來把書再買回來的念頭。據他的二兒子張澤瑚（殷六）先生說，這批書在出門之前，其父曾把他和他的哥哥張澤璿（齊七）叫到身邊，對他們說，他已經在他最喜歡的珍本上蓋了4枚圖章，其中兩枚是他本人的收藏章，即「芹圃收藏」和「芹伯」，還有兩枚是他們小哥倆的名字章，一方是「張澤璿」，另一方是「張澤瑚」。並對他們說：「將來你們有朝一日發達了，你們要把它們再收回來！」這就更說明白了，他本意根本不想賣，實在沒辦法！

好在他的這些書若干年來，都被完好地收藏在臺灣國家圖書館古籍善本書庫中，得到了有效地保護和研究，這也許是張家人所沒有料想到的。張芹伯的《芹圃善本書目》是當時的出售書目，1969年臺灣廣文書局將其影印出版，也足以證明學術界對其的看重。

張芹伯的長子張澤璿繼承了其父剩餘的藏書。解放初期，鄭振鐸與張蔥玉再次來到張家，他們動員張家向國家捐書。張澤璿代表張家把那幾十箱子書捐給了北京國家圖書館，其中包括一些元明古本。事後張蔥玉從北京送獎狀來，可惜後來「文革」中被造反派毀掉了。

曾是丁香花園的新主人

張芹伯有兩房妻室。元配夫人是「南潯八牛」之一的邢家小姐，名邢景祿，大家閨秀，很有教養。因邢氏夫人沒有生養，數年後又有了側室郭氏夫來歸。郭氏夫人名郭後全，生了7個孩子，四男三女，他們在父親的影響下都

丁香花園一角

喜歡讀書，大多數都大學畢業，學有專長。

他們一家30年代初從石路大宅院搬出來後，經邱輝（李鴻章的任孫媳婦，大收藏家李國森的夫人，南潯「八牛」中邱家的小姐）介紹，他們買下了華山路上原屬李鴻章的小兒子李經邁的丁香花園，當時的賣價50萬兩銀子。丁香花園院子很大，郭氏夫人曾在裏面學開汽車。有重要的宴請的時候，樓房裏桌子擺不下了，就擺到花園裏。有一年，郭氏夫人認了一個乾兒子，是開絲廠的湯肯堂的兒子（家住延慶路華亭路口一棟花園洋房裏）。正式接乾兒子進門時就在草地上擺滿了酒席臺子，足有幾十桌。

張芹伯的大女兒張穎初與盛鍾駿抗戰中在重慶結婚。

抗戰爆發後，顏料鉅子奚鶴年看中了丁香花園，從張家手中買了去。後來張善琨也看中了丁香花園，此人也是南潯人，原先是很有名望的電影人，可惜太平洋戰爭爆發後投了偽。他從奚家買下了這個大花園，在裏面開辦中華電影聯合股份有限公司，仍舊拍電影。抗戰勝利後他逃到香港，國民黨把丁香花園

作為敵產沒收，成為郵政匯金局的辦公處。

　　張芹伯一家從丁香花園搬出後，在不遠的復興西路買了地皮自建
住宅，這就是目前還有張芹伯的後代居住的復興西路53弄，原本6棟
房子，現在張家只住其中一棟。當年張芹伯就在那裏辭世。

【註釋】

註1：《上海詞典》，復旦大學出版社，1989年；《現代上海大事記》，上海
　　　辭書出版社，1996年

註2：上海檔案館金融檔案：Q78－2－14336
　　　　　　　　　　　　　　Q92－1－138

註3：《上海詞典》，復旦大學出版社，1989年；
　　　上海檔案館金融檔案：Q6－1－2763
　　　　　　　　　　　　　　Q6－8－2950

註4：《現代上海大事記》，上海辭書出版社，1996年；上海檔案館金融檔
　　　案：Q6－1－3186、Q173－1－153

註5：上海檔案館金融檔案：Q92－1－373
　　　　　　　　　　　　　　Q109－1－1626
　　　　　　　　　　　　　　Q185－3－4417

註6：上海檔案館金融檔案：Q92－1－138

註7：據張芹伯的女兒張穎初回憶，抗戰中張家損失的當鋪有18家，還有被日
　　　本人炮火擊中的絲廠和貨棧數家，損失慘重。

註8：宋路霞採訪筆記：2006年春電話採訪張芹伯的兒子張澤瑚於上海

註9：《文獻》季刊，北京圖書館刊行，2001年第3、4期；2002年第1期

註10：宋路霞採訪筆記：2006年春電話採訪張芹伯的兒子張澤瑚於上海

張石銘家族

靜江

張

族

世紀映像叢書

世紀映像叢書

世紀映像叢書

國家圖書館出版品預行編目

張靜江、張石銘家族：一個傳奇家族的歷史紀實 /
　張南琛, 宋路霞著. --一版. --臺北市：
　秀威資訊科技, 2007.12-
　　冊；　公分. -- (史地傳記；PC0035)

　ISBN　978-986-6732-50-8 (上冊；平裝)

　1.張靜江　2.張石銘　3.家族史

544.292　　　　　　　　　　　　　　　96024527

史地傳記　PC0035

張靜江、張石銘家族(上)——一個傳奇家族的歷史紀實

作　　者／張南琛、宋路霞
主　　編／蔡登山
發 行 人／宋政坤
執行編輯／詹靚秋
圖文排版／陳湘陵
封面設計／蔣緒慧
數位轉譯／徐真玉、沈裕閔
圖書銷售／林怡君
法律顧問／毛國樑　律師
出版印製／秀威資訊科技股份有限公司
　　　　　台北市內湖區瑞光路583巷25號1樓
　　　　　電話：02-2657-9211　傳真：02-2657-9106
　　　　　E-mail：service@showwe.com.tw
經 銷 商／紅螞蟻圖書有限公司
　　　　　台北市內湖區舊宗路二段121巷28、32號4樓
　　　　　電話：02-2795-3656　傳真：02-2795-4100
　　　　　http://www.e-redant.com

2008 年 1 月　BOD 一版
兩冊定價：670 元

讀　者　回　函　卡

感謝您購買本書，為提升服務品質，煩請填寫以下問卷，收到您的寶貴意見後，我們會仔細收藏記錄並回贈紀念品，謝謝！

1.您購買的書名：_____

2.您從何得知本書的消息？

　□網路書店　□部落格　□資料庫搜尋　□書訊　□電子報　□書店

　□平面媒體　□ 朋友推薦　□網站推薦 □其他_____

3.您對本書的評價：(請填代號　1.非常滿意 2.滿意 3.尚可 4.再改進)

　封面設計____　版面編排____　內容____　文/譯筆____　價格____

4.讀完書後您覺得：

　□很有收獲　□有收獲　□收獲不多　□沒收獲

5.您會推薦本書給朋友嗎？

　□會　□不會，為什麼？_____

6.其他寶貴的意見：_____

_____

_____

_____

讀者基本資料

姓名：_____　年齡：_____　性別：□女 □男

聯絡電話：_____　E-mail：_____

地址：_____

學歷：□高中(含)以下　□高中　□專科學校　□大學

　　　□研究所(含)以上 □其他_____

職業：□製造業 □金融業 □資訊業 □軍警 □傳播業 □自由業

　　　□服務業 □公務員 □教職　□學生 □其他_____

To：114

台北市內湖區瑞光路 583 巷 25 號 1 樓

秀威資訊科技股份有限公司　　　收

寄件人姓名：

寄件人地址：□□□

(請沿線對摺寄回,謝謝!)

秀威與 BOD

BOD（Books On Demand）是數位出版的大趨勢，秀威資訊率先運用 POD 數位印刷設備來生產書籍，並提供作者全程數位出版服務，致使書籍產銷零庫存，知識傳承不絕版，目前已開闢以下書系：

一、BOD 學術著作—專業論述的閱讀延伸
二、BOD 個人著作—分享生命的心路歷程
三、BOD 旅遊著作—個人深度旅遊文學創作
四、BOD 大陸學者—大陸專業學者學術出版
五、POD 獨家經銷—數位產製的代發行書籍

BOD 秀威網路書店：www.showwe.com.tw
政府出版品網路書店：www.govbooks.com.tw

永不絕版的故事 · 自己寫 · 永不休止的音符 · 自己唱